日米最高裁判決の
交　錯

小早川義則

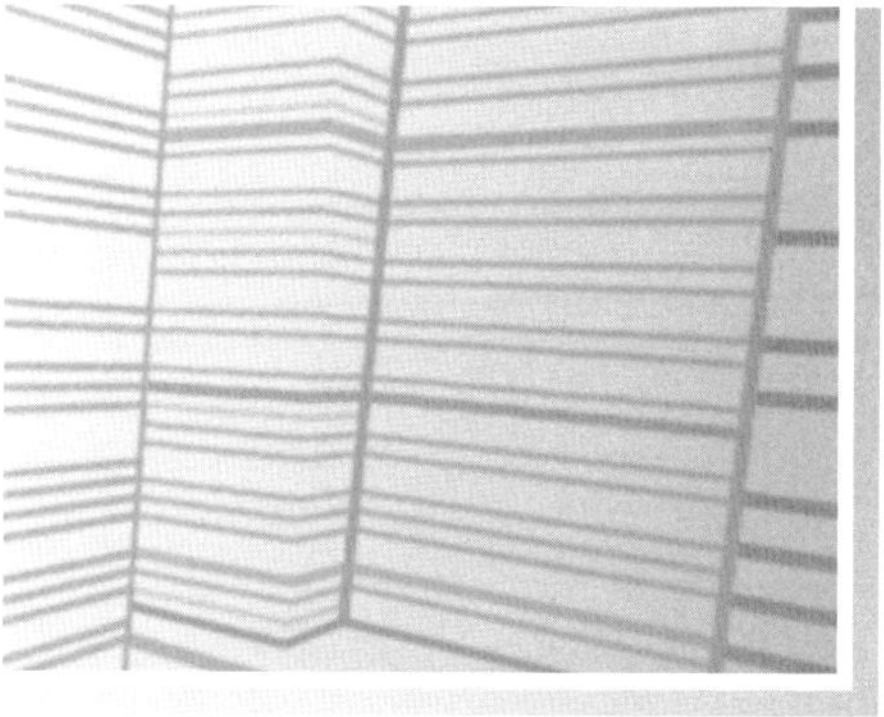

The Interchange of the U.S. and the Japanese
Supreme Court Decisions

成文堂

はしがき

少し前になるがアメリカ司法省から、松尾浩也・日本刑法学会理事長を介し、刑法雑誌所掲の「共犯者の供述――英米法について」(一九七五)の翻訳許可を求めてきた、「異存がなければ許諾の返事を出すので、折り返し御返事を下されば幸い」というのである。共犯者の自白をめぐるわが国の議論は錯綜しているが、その根底にはアメリカ法の無理解がある。アメリカでは一八九七年の合衆国最高ブラム判決が被告人を自己の犯罪に巻き込むいわゆる共犯者の供述は被告人に不利な証拠としておよそ許容できないことを明らかにしているにもかかわらず、一九四七年(昭和二二年)施行の新しい日本国憲法下においても団藤重光さんをはじめ論者は、共犯者の供述についてこのことを看過したまま、専ら補強証拠の要否という証明力の点のみを争っている。刑事上の利益に反する供述と伝聞例外の英文タイトル(Penal Interest and the Hearsay Exception)はこの問題に関する第一人者・米ジョージタウン大学のテイグ教授の用法に従ったものである。またテイグ教授の手紙を受け取ったハーバード・ロースクールのフレデリック・スナイダー学長から、客員研究員の申請に興味があれば同封の書類に必要事項を記入し、直接私宛お送り下さいとの実に鄭重な連絡があった。詳しくはニューヨーク日記(2)名城法学四六巻一号二九四―一九五頁。

一九八九年四月一九日に発生したセントラルパークのジョギング女性暴行事件は犯人逮捕および服役で決着したかに思われたが、一三年後の二〇〇二年一月に真犯人が現れ、現場に残されていた体液等のDNA鑑定が一致したため「世紀の冤罪」事件として大騒ぎになった。興味深かったのは、テレビの解説者が必ず乙との共犯を自白する甲の供述は自白者本人(甲)に対してのみ不利な証拠となり、他人(乙)を巻き込む証拠として許容できないと強調していたことである。要するにアメリカでは、一八九七年のブラム判決以降の多くの最高裁判決で被告人を巻き込むいわゆる共犯者の自白は自白者本人に対しては格別およそ証拠として利用できないとされていた。そしてアメリカだけでなく世界で注目されたセントラルパーク事件でも繰り返しこのことが報道され続けていたため一般市民への教育的効果は絶大で、アメリカ人にとって被告人を巻き込む共犯者の自白は自白者本人に対してのみ不利な証拠となるのは常識であった。他人の自白で処罰される不当性はわが国の松川事件でも強調されており、アメリカ法に固有の問題ではない。

私は前述のようにアメリカ司法省から「共犯者の供述――英米法について」の翻訳許諾の打診があったこの機に、アメリカ法研究の集大成として共犯者の自白を中心に言論出版の自由など日米共通の重要問題を取り上げた「日米最高裁判決の交錯」を上梓する好機と思われたのである。

本書の出版につき成文堂の阿部成一社長には格別のご配慮をたまわり、校正段階では編集部の篠崎雄彦次長のお世話になった。また本書の土台となった一連の旧稿のほか、本書の原稿の整理や浄書については半世紀近くの長期にわたり一貫して変わることのない八津谷由紀恵さんのご協力を得たことに対して心からお礼を申しあげる。

二〇二三年二月一日

小早川　義則

目次

序　章

本書は前述のように刑法雑誌所掲の「共犯者の供述——英米法について」アメリカ司法省から翻訳許諾の打診があったのを機に、共犯者の自白の問題を中心に旧稿を整理し再検討するものである。

合衆国最高裁は一九九九年六月一〇日のリリー判決（Lilly v. Virginia, 527 U.S. 116）において、刑事裁判で刑事上の利益に反する供述が証拠として提出されるのは、①原供述者に不利な任意の承認（voluntary admissions）として、②供述不能の原供述者が当該犯罪を犯したと主張する被告人によって提出された被告人の無実を晴らす証拠（exculpatory statement）として、③原供述者のいわゆる共犯者の有罪を立証するために訴追側によって提出された証拠として、この三場面であるとした上で次のように指摘する。

第一類型の供述——原供述者の任意の承認——は、当の供述をした本人に不利な証拠として日常的に許容されている。それ故、マーク・リリー（Y）の窃盗等への関与を認める供述は憲法上の諸要件に合致して採取されたものである限り、Yに不利な証拠として許容される。このことに疑問はない。第二類型の刑事上の利益に反する供述は、当該犯罪を犯したのは被告人でなくその供述をした本人であると主張する被告人によって自己に有利な証拠として提出された供述にかかわる。当裁判所は当初、〝刑事上の利益に反する供述〟の伝聞例外を一切否定する一九世紀のイギリス法に従ってきた。しかし時の経過とともに批判が高まり、今日ではほとんどの州が刑事上の利益に反する供述を伝聞例外として許容しているが、この種の証拠は、被告人が自己に有利な証拠として提出するものであるから、対審条項の関心事とはかかわりがない。

第三類型は、本件のように「訴追側が〝刑事被告人を罪に陥れる共犯者の自白〟を提出しようとする事案を含む。」この種の供述を伝聞法則の例外の下で許容するという実務（practice）はごく最近の収穫（vintage）である。ウィグモアは、共犯者は自白をして相棒を裏切ることに相当の利益を有するから、共犯者の自白は刑事上の利益に反する供述の伝聞例外に該当しないと明言している。われわれが長年にわたり〝被告人を罪に陥れる共犯者の自白は信用できないと推定される（presumptively unreliable）と宣明〟してきたのは、このような一連の判例の基礎にある考えと一致している。

第一章　わが国の問題状況

現行刑訴法の立案に関与し二〇数年間その運用に携わってきた横井大三氏は、当時の司令部の係官が大陸法系の刑事手続法についてどの程度の理解があったか明らかでないが、恐らく殆んど知るところがなかったであろうと推察される。そこに現行証拠法のあらゆる問題の根源があるとした上で、重要と思われる四つの改正点を取り上げそれぞれについて簡潔に指摘しており、その第三点が証拠法である。

これはいわゆるアジ研でアジア各地から集まった研修者に対してした講演を起こしたものであるためすべて口語体で書かれており非常に分かり易いので、ほぼそのまま引用しておく。

⑴　改正の第三点は、証拠法であります。

旧法ではほとんど証拠能力についての制限はありませんでした、証拠能力の制限というのは形式的なものですから、証明力の有無や程度という実質的な面とは必ずしも一致しません。そこで、旧法では、証拠につき形式的な制限をせず、原則としてすべての証拠に証拠能力を与え、その証明力を裁判官の判断にまかせるという態度をとったのでした。こういう態度は、すべての裁判官に証拠の実質的価値を見抜く力があれば極めて理想的なやり方といえましょう。しかし、現実にはそう立派な裁判官ばかりいるわけではありません。また、もし素人が裁判に関与する制度をとる場合には、このようなやり方は極めて危険であります。日本でも、陪審法ではかなり厳しい証拠能力の制限をしていました。

私は、旧法当時日本の刑事裁判に誤判が多かったとは思いません。手続の過程で人権尊重の念に欠けるところが多かったことは認めますが、最終的な有罪無罪の判断に誤りが多かったとは考えないのであります。ですから、敗戦後日本の刑事訴訟法の改正が論議されたときにも証拠能力の制限を厳重にするということは考えられなかったのであります。

そこへ、新憲法が制定されることになり、自白の任意性を保障するための厳重な規制のほかに、英米証拠法にある伝聞法則が取り入れられました。自白を強要してはならないとか強要された自白は証拠にしてはならないということは、古くからいわれており、われわれにも十分わかっていたことであります。問題はそれを実際にどう生かすかということでありました。しかし、伝聞法則の方は、大陸法系の刑事訴訟法で教育され、実務に当って来たわれわれにはなじみのうすいものでした。日本の学者も余り研究していないところでした、そのため日本国憲法の施行された一九四七年五月三日までには、憲法の要求する伝聞法則を刑事訴訟法の中に具体化して取り入れる余裕がありませんでしたので、とりあえず、憲法の条文をほとんどそのまま書き写したような臨時立法を作りました。そして、当時の占領軍総司令部のこまかい指示と、古くからあった日本の陪審法の証拠能力の制度とを参考にして、現在の刑事訴訟法の三二〇条から三二八条を作ったのでした。この九ヵ条は私自身が筆をとって書き、それがそのまま国会で認められた、私にとっては思い出深い条文です。それ以来二〇数年、これらの規定はとかくの批判を受けながらも刑事裁判の基礎をなす証拠法として働いてきたのであります。

(2)　**前後するが、松尾浩也氏に従ってその後の経過について触れておく。**

やがて講和条約が成立し、一九五二年四月、占領状態が終わる。そして、戦後改革の所産であった諸立法は、試練のときを迎えることになった。先ず、俎上に上ったのは刑事訴訟法である。一九四八年成立の新刑事訴訟法は、日米の協議を経たとはいえ、大陸法系から英米法系への転身というドラスティックな一面を伴っており、実務界を中心に見直しの声が上がるのは当然でもあった。一九五一年一月という早い時期に、法務総裁は、刑事訴訟法の改正を法制審議会に諮問した。法制審議会が、各方面の意見を聴いて多数の問題点を拾いあげたところ、その中には、訴因制度、起訴状一本主義、証拠法則など、新刑事訴訟法の根幹にかかわる事項も含まれていた。しかし、旧刑訴を懐かしむ熱気は急速に消え、審議の対象としては比較的マイナーな項目のみが「早急を要する」ものとして取り上げられた。必然的に法制審議会答申、及びこれに基づく一九五三年刑事訴訟法改正は限定されたものになり、むしろ新しい刑事訴訟法は定着したという印象を与えて終ったのである。

刑事法における当時の「立法ラッシュ」はもっぱら手続法に関して生じたものであり、その実質は、アメリカ法への接近ないし導入であった。刑事訴訟法について言えば、被疑者・被告人の権利保障に努めるとともに、手続の進行を当事者、すなわち検察と弁護に委ねる当事者主義の採択である。この改正作業は、GHQと日本側法律家の綿密な協議を経て行われ、日本側では、團藤重光が大きな役割を果たした。GHQ側のリーダーだったアルフレッド・オプラー（一八九三〜一九八二）は、もともとドイツの人で、大陸法を熟知していたため、日本側との意見交換をスムーズにした部分もあった。一方、少年法に関しては、刑事訴訟法の場合のような日米協議はほとんど行われず、GHQ側の提案を基礎として改正作業が進行した。[1]もし、「押しつけ」という観念を使うとすれば、それがもっとも良くあてはまるのは少年法の場合だったと言えよう。

（1）　松尾浩也「最近の刑事立法」日本学士院紀要・六八巻二号一八一―一八三頁（二〇一四年）。

第二章　アメリカ合衆国憲法修正条項

アメリカ合衆国は一七八八年に九州の承認を得て合衆国憲法を制定したが、いわゆる権利の章典（Bill of Rights）を明記するかにつき争いがあり、第一修正ないし第一〇修正の権利の章典に関する諸規定は一七九一年に憲法修正として付加されることになった。その後、市民（南北）戦争を契機として一八六五年から一八七〇年にかけて第一三修正ないし第一五修正の市民戦争修正条項（Civil War Amendments）が相次いで成立する。第一五修正は黒人（男性）の選挙権を保障するが女性の選挙権は一九二〇年成立の第一九修正によって憲法上の権利として明示された。

司法部による法令の憲法適合性審査（＝司法審査）の権限について、憲法は明文で規定していないが、この権限は一八〇三年のマーベリ対マディスン（Marbury v. Madison）判決で、判例法として確立された。以下、やや詳しくみておく。

【1】　マーベリー対マディソン事件判決（一八〇三年二月一日）

一七八八年の合衆国憲法は、いわゆる違憲立法審査権を明示していないが、マーシャル最高裁長官の執筆した本判決（Marbury v. Madison, 5 U.S.（1 Cranch）137））において初めて最高裁にはその権限のあることが認められた。その意味で本判決は極めて重要であるが、その判示内容は実に複雑である。

【背　景】　政府与党の連邦党（federalist）は一八〇〇年一一月、大統領選および連邦議会選で敗北したが、アダムズ大統領は、同年一二月に病気のため辞職したエルズワース最高裁首席裁判官の後任として、マーシャル国務長官を任期終了直前に最高裁首席裁判官として指名した。一八〇一年三月四日に就任した第三代大統領トマス・ジェファソン（一八〇一～一八〇八）は、コロンビア特別区の治安判事として確定していたマーベリーらへの辞令交付を保留するよう新国務長官マディソンに指示したため、その交付を求めて争われた。

当裁判所がこの問題について意見を示す際に、次の問題が順次検討された、すなわち

1　申立人には彼が請求している任命状（commission）の交付を求める権利があるか？

2　彼にそのような権利があり、かつその権利が侵害されたのであれば、この国の法は彼に法的救済手段（remedy）を付与しているか？

3　この国の法が彼に法的救済手段を付与しているとすれば、それは当裁判所から交付される職務執行命令状によるのか？

署名は任命状の国璽の押印を保障するものであり、国璽は完全な書類に対してのみ押印される。それは大統領の署名の真実性を示している。任命状への署名がなされると、その後の義務は法によって、大統領の意思により導かれるべきでないと定められており、国務長官は、任命状への合衆国の国璽を押印し、それを記録する。

マーベリー氏の治安判事としての任命状（commission）には、大統領による署名があり、かつ国務長官によって押印されているので、その公務員には五年間、執行部とは独立してその仕事にとどまる権利が付与され、この国の法によって保護される公務員としての法的権利が与えられたのである。

【判　示】　**1**　合衆国大統領は、マーベリー氏の任命状に署名したことによって彼をコロンビア地区にあるワ

シントン郡（county）の治安判事として任命したこと、そして国璽が国務長官によって押印されたことは、この署名の真正性および指名の完全性に関する決定的証言である、そして指名は五年間の間、その職務への法的権限を彼に付与した。

2　この職務への法的権限を獲得したのであるから、彼（マーベリー）には任命を請求する当然の権利がある。その地位につくことへの拒絶は、その権利の明白な侵害であり、それに対してこの国の法律（laws）は、彼に救済を求める権利を付与している。

憲法と相容れない（repugnant）法律（act）は国（land）の法となりうるかの問題は、合衆国にとって非常に興味深い問題であるが、しかし幸いなことに、そのような興味の割りには複雑でない。それを判断するために、昔から十分に確立している若干の原理を是認することだけが必要である。（at 176.）

立法府の権限は定義され限定されている、そしてこれらの限定は間違われたり忘れられたりしないように憲法に書かれている。どのような趣旨で権限は限定され、どのような趣旨でこの限定は書かれているのか？　これらの限定は、それらの制約を意図した法律によっていつでも可決されうるのか？　憲法はそれと相容れない立法府の行為を禁止（control）しているので、立法府は普通の法律で憲法を変更できない、このことは余りにも明白な命題で争うことはできない。

これら二者択一の間の中間の道（middle ground）はない。憲法は普通の方法によって変更できない至高の法であるか、それともそれは通常の法と同じレベルにあるので、その他の法と同様、立法府がそれを変更することを望むのであれば、変更できるかのどちらかである。

二者択一の前者の部分が真実であれば、憲法に反する立法者の行為は法でない、もし後者の部分が真実であれば、成文憲法は、国民の側に立って、それ自身の無限の権限で権限を限定するという馬鹿げた試みである。

成文憲法を造り上げたすべての人々は、国の基本的で至高の法を造り上げることを考えていたのは間違いない、したがって、憲法と相容れない政府のそのような理論は無効とされなければならない。

何が法であるかを述べることは、とりわけ司法部門の領域でありその義務であることが強調されている。特定のケースにこのルールを適用する人々は、必然的にこのルールを拡大して解釈しなければならない、もし二つの法が相互に矛盾するのであれば、裁判所は当の法律の各作用を判断しなければならない。もし法が憲法に反するのであれば、もし法と憲法の両者を特定のケースに適用すると矛盾が生ずるのであれば、裁判所は憲法を無視して法に従うか、それとも憲法に従うかを判断しなければならない。法を無視して、これらの矛盾するルールのどちらがそのケースを支配すべきかを判断しなければならない。これは裁判所の義務である。もし憲法を考慮すべきであるというのであれば、憲法は通常のいかなる法にも優越する（上位にある）ことになる。憲法が法廷において至上の法として考慮されるべきであるという原理を変えようとする人々に対し、裁判所は、憲法に目を閉ざして法のみを見なければならないと主張することになる。

そうすると若干のケースにおいて、憲法は裁判官によって検討されなければならない。そして裁判官はそれを検討することができるというのであれば、憲法のどの部分が、それに従うことが禁止しているのか？

この問題を具体的に明らかにする（illustrate）のに役立つ多くの部分が憲法にある。

憲法は、私権剥奪法（bill of attainder）や事後法の制定を禁止すると宣言している（第一条第一〇節）。

憲法の文言には裁判所に言及しているものが多くある。憲法第二条第一節⑧によれば、大統領は、その職務の遂行を開始する前に、次のような宣誓または確約をしなければならない。〝私は、合衆国大統領の職務を忠実に遂行し、全力を尽して合衆国憲法を維持し、保護し、擁護することを厳粛に誓う（または確約する）。〟

それ故、合衆国憲法の特別の語句（phraseology）は、憲法と相容れない法は無効であり、そして裁判所は、他の部門と同様、このような制度（instrument）に拘束されることが成文憲法の本質と考えているという原理を確認し強化しているのである。

第三章　奴隷制度とウォーレン・コート

一　概要

一七九一年の合衆国憲法第五修正は「何人も……法の適正な過程によらずに、生命、自由または財産を奪われることはない」と規定し、何人に対してもいわゆるデュー・プロセスを保障しているがそれはあくまでも連邦政府への規制にとどまる。これに対し一八六八年（明治元年）に制定付加された第一四修正のデュー・プロセス条項は「いかなる州も法の適正な過程によらずに、何人からも生命、自由または財産を奪ってはならない」と規定し、州政府をも規制している。今日のアメリカではいわゆる権利の章典に関しては第一四修正のデュー・プロセス条項を介して連邦と州とを問わず全米で共通の最低基準としての画一的なアメリカ法が成立しているため、その限りにおいて合衆国最高裁判例を抜きにしてアメリカ法を語ることはできない。しかしそれはウォーレン・コート下でのデュー・プロセス革命以降のことであり、そのことを端的に示したのが奴隷制度廃止をめぐる複雑な議論である。

以下、アメリカの奴隷制度を論ずるうえで不可欠なルイジアナ互譲法に続いて奴隷制度とデュー・プロセス条項およびウォーレン長官とブラウン判決とのかかわりに触れた後、奴隷制度に関する主要な合衆国最高裁判例を概観しておく。

1　ミズーリ互譲法

ルイジアナ州は、一六八二年にフランス人ラ・サールがミシシッピ川流域地方一帯を探検してフランス領と宣言し、国王ルイ（Louis）一四世にちなんでルイジアナと名付けたことに由来する。その後一八〇三年にアメリカ大統領ジェファソンがナポレオン政府から北緯三六度三〇分以北のフランス領ルイジアナ地方を一五〇〇万ドルで購入し、同地域での奴隷制度を禁止した。そしてアメリカは一七八八年に合衆国憲法を制定施行したが、その間の一七七六年に旧英領植民地一三州はイギリスからの独立を果たした。その一年前の一七八七年にアメリカ連合政府議会（Confederation Congress）は北西部地域での奴隷制度を廃止していた。ところがミズーリ準州が州への昇格を連邦議会に申請した一八一九年当時の合衆国では自由州と奴隷州の数が各一二州でミズーリ州の参加でこの均衡が破れることからメイン州を自由州として連邦に参加させミズーリ州には奴隷制度を制限しない旨の州憲法を制定する権利を与えるという妥協案が一八二〇年に成立した。これがいわゆるミズーリ互譲法（Missouri Compromise）である。

ミズーリ互譲法は政治的和解であり憲法解釈によるものではなかったが法的意味において未解決の二つの問題があった、すなわち、(1)連邦議会には準州での奴隷制を廃止する権限が本当にあったのか？　(2)黒人は、自由人であれ奴隷であれ、すべて憲法上の権利を有する合衆国市民であったのか？　当面の問題は、スコットには連邦裁判所に訴える権利があるかだった。スコットがミズーリ州の合法的市民であれば、被告人はニューヨーク市民であるサンドフォードであるので、異なった州の市民間の争いにつき認められている連邦法上の二州間訴訟（federal diversity suit）を起こすことができる。(1)　そしてこの点につき争われたのが【1】ドレッド・スコット判決である。

2　奴隷制度とデュー・プロセス

一八六八年制定の第一四修正は「合衆国において出生しまたは帰化し、その管轄権に服するすべての人は、合衆国およびその居住する州の市民である」と規定する。したがって、一〇年前のドレッド・スコット判決を正面から覆したものであるのは明らかである。もっとも、ドレッド判決が最初に審議されたのは大統領選挙中の一八五六年二月であり裁判官の見解が分かれていたため大統領選挙への影響を考慮して選挙後の一八五六年三月に弁論を再開することになった。そして大統領に選出された第一五代大統領J・ブチャナン（James Buchanan）は一八五七年三月四日の大統領就任演説において準州での奴隷制度の問題は現在最高裁に係属中であり迅速かつ最終的に解決されるであろうと述べ、三月五日にドレッド・スコット判決が言い渡された(2)。

3　ウォーレン長官と第一次ブラウン判決

ウォーレン長官の裁判官会議および最高裁判決に関するリーダシップが第一次ブラウン判決におけるほど見事に示されたものはない。ブラウン事件がはじめて最高裁で審議されたときヴィンソン（Vinson）長官はまだ法廷の中央の椅子に座っていた。裁判官らが一九五二年一二月一三日に同事件について審議したときヴィンソン長官は【3】プレッシー判決を変更するつもりはないと述べた。ダグラス裁判官のメモによると、ヴィンソン長官は〝プレッシー判決は正しい、そして人種別分離は合憲である〟という意見だった、その時点で公立学校での分離教育を違憲とする裁判官は僅か四名であり、非公式の投票の結果は五対四で公立学校での分離教育の合憲性が認められていたという。

ブラウン判決が次の開廷期に再び審理されることになり、その間にヴィンソン長官が急死した。それはまさにカタストロフィ（catastrophe）だった。訃報を聞いたフランクファータ裁判官は、神が存在することをはじめて経験した最初の出来事（indication）だったと二人のロー・クラークに語った、そしてヴィンソン長官の後任としてウォーレンが指名されたときこのことを改めて確信したという。新しい長官の下で最高裁は第一次ブラウン判決において従前の分離政策を廃止する画期的な判決を言い渡し、同調意見も反対意見も一切ない文字通りの全員一致でそのような判決を言い渡すことができたのはひとえにウォーレン長官のリーダシップのたまものである。(3)

（1）　The Illustrated History of the Supreme Court of the United States 112-113, Harry N. Abrams, Incorporated New York (1986).
（2）　Id. at 114-116.
（3）　講演会資料二二七-二二八頁。二〇一五年七月一三日から一六日にかけて日米法学会講演会・連続講義があった。七月一三日から一六日のG・ロバーツJr.合衆国首席裁判官とリチャード・J・ラザルス・ハーバード・ロースクール教授の講義時に全員に配布されたのがこの講演会資料である。なお、合衆国憲法と一七七六年の独立宣言の小冊子も当日全員に配布された。

二　主要関連判例の検討

合衆国最高裁は一八五七年の【1】ドレッド・スコット判決において、強制的にアフリカから米国に連行された黒人の子孫は第一四修正にいう「合衆国市民」に該当しないので合衆国裁判所に市民として訴える権利はないとしてミズーリ州裁判所の見解を破棄した。最高裁は一八七三年の【2】スローター・ハウス事件では地域の食肉処理を一社に独占させるルイジアナ州法は第一四修正のデュー・プロセス条項に違反しないとし、そして一八九六年の【3】プレッシー判決では鉄道車輌内での施設等の平等が確保されている限り黒人と白人の分離を強制するルイジアナ州法についても第一四修正のデュー・プロセス条項に違反しないとした。このように〝分離すれども平等〟の法理は一九五四年の【4】第一次ブラウン判決で正面から否定されるまで六〇年間にわたりアメリカ判例法を支配し続けた。

以下、右四判決を簡単に検討しておく。

【1】ドレッド・スコット黒人奴隷合衆国市民権否定判決（一八五七年三月五日）

本判決（Dred Scott v. Sandford, 60 U.S. 393）は、軍医Eの黒人奴隷であった原告（ドレッド・スコット）がミズーリ州（奴隷州）から一旦イリノイ州（自由州）に連れて行かれ再びミズーリ州に連れ戻されてまもなく他の軍医Tに奴隷として転売されたためドレッドはその時点でなお奴隷であったかが争われた事案につき、アフリカから強制的に合衆国に輸入され商品として売買された黒人は合衆国憲法制定当時には合衆国市民ではないという考えが一般的であり連邦裁判所には管轄権がないとしたうえで、先例によれば出戻り州のミズーリ州法が適用されるため原告はなお奴隷であるのは明らかであるとしたものである。

【事　実】　本件記録によれば、二つの主要な問題が提示されている、すなわち

1　合衆国巡回裁判所には両当事者間の争いを審理し判断する管轄権があったか?

2　もし管轄権があったのであれば、巡回裁判所が下した判決は誤っていたか?

下級審でも原告であり誤審令状による救済を認められた本件原告（the plaintiff in error）は、ミズーリ州において彼の妻子とともに被告人によって奴隷として所有されていた、そして彼自身および彼の家族が自由になる権利（title）を獲得するために同地区を管轄する合衆国巡回裁判所に本件訴訟を提起した。それには原告はミズーリ州市

民であり被告人はニューヨーク州市民であるという主張が含まれていた。

一方、被告人は裁判所の管轄権却下を求める申立てにおいて、原告はアフリカ系黒人（African descent）で純粋なアフリカ人の血を引いておりこの国に強制的に連れてこられ奴隷として売買されたのであるからミズーリ州市民ではないと主張した。ミズーリ州巡回裁判所はこの主張を認めず、原告に有利な判断を下した。（at 399-400.）

【判　示】　原判決破棄。　本件での問題は実に簡単である。すなわち、その祖先がアフリカからこの国に輸入され奴隷として売買された黒人は合衆国憲法によって形成された政治的共同体のメンバーとなることができるか、そしてそのようなメンバーとしての合衆国市民に保障されているすべての権利や特権を有しているかであり、そのような諸権利の一つが憲法において認められている合衆国裁判所に訴える特権（privilege of suing）である。（at 403.）

〝合衆国の人民（people）〟という言葉と〝市民（citizens）〟という言葉は同一のことを意味する。両者はいずれも、われわれの共和制の下で主権を形成しそれぞれの代表者を介して政府を指導する権限を有する政治団体（political body）であることを示している。それらはわれわれが通常いうところの〝主権者としての人民（sovereign people）〟であり、すべての市民はこのような人民としてかかる主権を形成するメンバーである。われわれの面前にある問題は、管轄権の申立て却下の中で述べられているそのような階級の人々（the class of persons described in the plea in abatement）はこのような人民の一部でありこのような主権の構成メンバーであるかである。われわれは、彼らはこのような市民の一部ではないし憲法の中にある〝市民〟という言葉に含まれることを意図されてもいなかった、それ故、彼らは合衆国市民に対し提供され保障されている権利や特権を一切主張できないと考える。それどころか彼らは、当時支配的人種の支配下に置かれ従属的で劣った階級の人間であると考えられていた、そして解放されたか否かにかかわりなく支配者に従属し続けており、権限を有する人や政府が彼らに与えることを選択する場合を除き、権利や特権を有しない地位に置かれていた。

これらの法律の正義または不正義ないし賢明または不賢明を判断するのは裁判所の領域ではない。この問題の判断は、政治的権力ないし立法府の権限すなわち主権を形成し憲法を創造した人々に属していた。裁判所の義務は、われわれが獲得できる最上の光に照らしこのテーマに関して解釈すること、そしてそれが採用されたときの本当の意図と意味を認定しそれを施行することである。(at 404-405.)

そうすると次のような問題が生ずる。憲法の規定は、当時またはその後に輸入され自由人とされた黒人であるアフリカ系人種を合衆国市民としかつその他の州においても完全な市民権を付与しているか？　合衆国憲法は、彼が一つの州の法律の下で自由人とされたときはいつでも他の州においても市民としてのすべての特権を彼に付与しているか？　このような問題が生ずるのである。

当裁判所は、これらの命題を肯定することはできないと考える。そして肯定できないのであれば、原告は合衆国憲法の範囲内においてミズーリ州市民ではあり得ない、したがって、ミズーリ州の裁判所において訴訟を提起する権利はなかったことになる。(at 406.)

憲法が採用されたとき、若干の州において市民として認められていた市民はこの新しい政治団体の市民にもなった。しかし他の州においてはそうでなかった。それ故、憲法が採用されたとき州の市民であったかを誰が判断するかの検討が必要となる。このことを判断するには大英帝国から分離して新しい主権国家を形成した旧英領植民地一三州の政府および当時の制度に立ち返らなければならない。当時のイギリス政府によって誰の権利や自由が踏みにじられたのか、そして彼らの独立を誰が宣言したのかを検討しなければならないのである。

当裁判所の意見によれば、当時の立法や歴史および独立宣言で用いられた言葉は奴隷として輸入された階級の人々は彼らの子孫を含め、彼らが自由人になったか否かを問わず、人民の一部として認められていなかった。彼らは記念すべき文書の中で用いられている一般的な言葉での市民の中には含まれていなかったのである。

彼らはその一世紀以上も前からより劣った人間（beings of an inferior order）であり、社会的ないし政治的関係において白人種と付き合うには全くふさわしくない人種と考えられていた。そして白人より下等な人種である限り、彼らは白人が享受する権利を有していない、黒人は売買され、通常の商品と同一のものとして取り扱われていた。このような考えは当時文明化された白人種の中で固定的かつ普遍的であり、かつイギリス政府やイギリス人民におけるほど普遍的であった国は他にない。イギリス人は、アフリカの沿岸地方にいた彼らを捕獲（sieged）し自らの使用のために奴隷として所有しただけでなく、通常の商品として利益を得ることができると思われるすべての国に彼らを連れて行ったのである。

したがって、アフリカ系人種の黒人は、彼らによって単なる財産の商品と考えられていたので独立宣言に結集した一三植民地のすべてにおいてそのようなものとして売買されていた。何人であってもこのような当時の支配的考えの正確性を疑うことはできないだろう。

この問題に関して制定された種々の法律を列挙するのは冗長にすぎよう。当時の英領植民地全体に一般的に広く行われていたことを立証する見本として、そのうちの二つを示すことで十分であろう。その一つは今なお奴隷保有州であるメリーランド州、他の一つは一七〇五年に奴隷制を廃止した最初の州であるマサチュセッツ州である。(at 407–408.)

記録によれば、本件事実に関して巡回裁判所に管轄権があると判断した点において同裁判所が誤っていたのは明らかである。この誤りを匡すことは上級裁判所の義務である。しかし管轄権の欠如を理由に本件を却下することによって義務を果たしたということにはならない、誤った判決はそのまま効力を有することとなり被害者側にとって何の救済にもならないからである。それ故、当裁判所は、上級裁判所だけに与えられている正当な管轄権を行使して巡回裁判所の判断を破棄することとする。巡回裁判所が誤った前提に基づいて被告人に有利な判決を下したのは明らかであり、そのようなことをさらに追及する必要はない。下級審での管轄権の欠如（want of jurisdiction）は本件記録上明らかである。(at 428-429.)

原告は黒人奴隷で合衆国陸軍の軍医Emerson（E）の所有物だった。一八三四年に彼（E）は原告をミズーリ州からイリノイ州のロックアイランドにある軍事基地（military spot）に連れて行き、そこで一八三六年の四月または五月まで奴隷として彼を所有していた。この時点でEは、原告を上述のロックアイランドにある軍事基地から北緯三六度三〇分の北にありミズーリ州の北側に位置し合衆国がフランスから獲得したUpper Louisianaとして知られているミシシッピー州の西岸にあるFort Snellingの軍事基地に移した。Eは一八三八年までこのFort Snellingで原告を奴隷として所有していた。

一八三五年の時点で原告の第二訴因で名前が挙げられているHarriet（H）は、合衆国陸軍少佐Taliaferro（T）の黒人奴隷だった。Tは、同年HをFort Snellingに連れて行き一八三六年まで彼女を奴隷として所有し、そしてEに譲り渡した。Eは一八三八年までHをFort Snellingで奴隷として所有していた。

原告とHは一八三六年、彼らの主人でかつ所有者でもあったEの同意を得てFort Snellingで結婚した。原告の第三訴因で名前が挙げられているElizaとLizzieはこの結婚により生まれた子供である。Elizaはほぼ一四歳でミズーリ州の北境界線の北でミシシッピー川の蒸気船の中で生まれた。Lizzieはほぼ七歳でミズーリ州のJefferson Barracksと呼ばれる軍事基地で生まれた。Eは一八三八年、原告とHおよび彼らの娘ElizaをFort Snellingからミズーリ州に移した、それ以降彼らはそこで居住している。

Eは、本件訴訟が始まる前に原告とHおよび彼らの娘（ElizaとLizzie）の四人を被告（Sandford）に奴隷として売却した。そして被告はそれ以降、彼らを奴隷として所有している。

この争いを検討する際に二つの問題が生じる、すなわち、第一、彼（ドレッド・スコット）は、彼の家族とともに先に言及した合衆国領土内に滞在していたためミズーリ州で自由人となっていたか？　そして第二、彼らはそうでなかった（ミズーリ州で自由人となっていなかった）というのであれば、スコット自身はイリノイ州のロックアイランドに連行されたことによってもなお自由人であるか？

原告が依拠する議会の法は、奴隷または意に反する苦役は犯罪としての刑罰である場合を除き北緯三六度三〇分の北にありかつミズーリ州の境界内に含まれていない、ルイジアナ（州）の名の下でフランスから割譲されたすべての地域において禁止されると宣言している。そしてわれわれがこの部分の検討に際し最初に出会う難しい問題は、憲法によって与えられたいかなる権限の下でこのような法を制定する権限が議会に認められていたかである、すなわち、このような権限が憲法によって与えられていないのであれば、それを無効として州法の下で奴隷として所有されている者に自由を与えることはできないと宣言することが当裁判所の義務となるからである。

原告側弁護人は、〝合衆国に属する領土や財産に関し必要なすべてのルールや規則を設ける〟権限を議会に付与する憲法の条項をとりわけ強調する。しかし、当裁判所の判断によると、憲法のこの条項は現在の争いに関連がない、どのような権限がそれに与えられているにせよ、それは合衆国と大英帝国とが条約によって確定した領域内に限定することが意図されていたので、その後に外国政府から獲得された領土に影響することはあり得ない。それは周知の特定の領土に対する特別の規定で現在の〝非常事態（present emergency）〟に対処するものであり、それ以外のものでは一切なかったからである。（at 430–432.）

問題の領土がフランスからの割譲によって獲得された当時、そこには州として認められるに足るほどの人口はなかった、それ故、それが自治能力のある文明化されたコミュニティによって植民され居住され他の州と対等な条件（terms）で合衆国（union）の一員として認められるその時まで合衆国に属する領土としてそれを保有することが絶対に必要であった。しかし、すでに述べたように、それは合衆国の人民の代表者としての全国政府（General Government）によって獲得されたものである、それ故、このような性格において彼らの共通かつ対等な利益のためにそれは所有されなければならない、すなわちそれは彼らの代表者を介して行動するいくつかの州の人民であったのであるから、問題の領土を実際に獲得した連邦政府はそれが合衆国の一員として他の州と結びつく時まで（それが合衆国に正式に参加する時まで）彼らの共通の使用のためにそれを所有しているのである。

しかし、人民の人身や財産に関する議会の権限は、われわれの理解する憲法および政府の下で単なる裁量による権限にすぎない（mere discretionary power）のではない。政府の権限および市民の権利と特権は憲法自体によって定められ明確に定義されている。そして領土が合衆国の一部となる時、連邦政府はそれを創造した人々によってそれに刻印された性格を帯びる（enters into possession）ことになる。それは、それ自体の存在を憲法に由来しかつ憲法によって厳格に定義され限定された市民への権限をも有する。それはそれを越えたいかなる種類の権限も有しない。それはそれ自体で、合衆国市民とは別個の新しい性格を創造できない。そして連邦政府は、憲法によって付与されたこと以上に人身または財産への権限を行使できない、あるいはそれが留保していたいかなる権利も合法的に否定することはできない。憲法の規定の若干部分を参照すれば、このような命題は明らかとなろう。

奴隷を財産として所有する権利（the right of property in slave）は憲法によって明示に肯定されている。それを売買する権利は、通常の商品や財産と同様、それを希望するすべての州において二〇年間にわたり合衆国市民に保障されている。このことは平易な言葉で保障されており余りにも明らかで誤解の余地はない。

本件には州の権限と州の法律に依拠するもう一つの論点がある。そして合衆国領土での居住とはかかわりなくイリノイ州に連れてこられたことによって自由人となったのであるからミズーリ州に連れ戻されたことによって再び奴隷の状態に戻されることはないと原告によって主張されている。本件でのこの部分に関するわれわれの判断は極めて簡単である。それが依拠する原理はストレイダ判決（Strader et al. v. Graham）で当裁判所によって判示されているからである。同事件において奴隷（複数）は所有者の同意の下にケンタッキー州からオハイオ州に連れてこられその後にケンタッキー州に連れ戻された。当裁判所は、自由人としてあるいは奴隷としての彼らの地位（status）ないし状態は彼らが連れ戻されたときのケンタッキー州の法律に依るのでありオハイオ州の法律に依るのではないとし、州自身の法に依拠した州裁判所の判断を再審査する管轄権は当裁判所にはないとしたのである。

この判決は本件に直接かかわる論点であった、そして当裁判所には管轄権がなかったとする判断は本件にも妥当する。スコットは彼の所有者によってイリノイ州に連れてこられ、そこでそのようなものとして所有され、かつそのような性格のまま連れ戻された、彼の自由人または奴隷としての地位はイリノイ州法でなくミズーリ州の法律に依拠していた。しかし、ミズーリ州法によれば出戻り時に彼は自由人だった。しかし、スコットおよび彼の家族は出戻り時に自由人であったのではなくミズーリ州の法律によって被告人の財産であり同州の法律によって原告は奴隷であり市民ではなかったことは十分に確立している、当裁判所にはこのことを再審理する管轄権はなかったことをわれわれは確信する。

【2】 スローター・ハウス食肉処理場独占デュー・プロセス違反否定判決（一八七三年四月一四日）

本判決（Slaughter-House Cases, 83 U.S. 36）は、ルイジアナ州議会がニューオーリンズ市を含む広大な地域での食肉処理業務を二五年間にわたり一つの会社に独占させる法律を可決したため同地域内の他の屠畜業者がその合憲性を争った事案につき、州にはいわゆるポリスパワーによって州民の健康や安全に関して規制する権限が古くから認められているとしたうえでルイジアナ州議会がその特殊性を考慮して二五年間にわたり食肉処理の独占権を業者に付与したのは第一四修正のデュー・プロセスに違反しないとしたものである。

【事　実】　ルイジアナ州議会は一八六九年三月八日、ニューオーリンズ市を含む州内のオーリンズ、ジェファソンおよびSt. Bernardの一一五四平方マイルの広さがあり二〇〜三〇万の人口を擁する各郡内において畜殺目的で牛（cattle）を集めて囲い込む置場を設けるなどした食肉処理場（slaughter-house）を維持するために二五年間にわたり一つの会社（corporation）に排他的権利を付与する法律を可決した。（at 36.）

これに対しニューオーリンズの他の屠畜業者（butchers）は何度も争ってきた、そして最高裁は問題の重要性を理由にこの争いを取り上げることとし一八七二年二月に弁論が行われたが出席した裁判官の間で意見が分かれたため、最高裁は全裁判官関与の下であらためて弁論をすることを命じた。（at 58.）

本件はルイジアナ州最高裁に対する誤審令状（writ of error）によって合衆国最高裁に提訴された。それは同州議会によって認められた設立許可状（charter）によりスローター・ハウス会社に若干の権限を与えたことに対するニューオーリンズ市の屠殺業者の不服申立てによって生じている。これら事案は他の事案とともにルイジアナ州最高裁によってすべてスローター・ハウス会社に有利に判断された、そしてこれらの判断の破棄を求めて合衆国最高裁に訴えたところ同最高裁は五対四で原判決を維持した。

【判　示】　原告は、州裁判所での訴訟の全過程を通じて被告人にのみ設立許可状を交付して特権を認めるのは合衆国憲法の最も重要な第一三修正および第一四修正の条項に違反すると主張してきた。違憲であると攻撃されている制定法は一八六九年三月八日に可決され〝ニューオーリンズ市民の健康を保護するためにかつ家畜を集め屠殺する場所を定めスローター・ハウス会社の設立を認める法律〟という名称が付けられていた。（at 57–59.）

この制定法は、ニューオーリンズの多数のコミュニティを犠牲にしてごく少数の人間に余りにも不当かつ排他的な特権（odious and exclusive privileges）を付与するものとして非難されているだけでなく、それは同市の屠殺業者から自らの家族を養う仕事をする権利を奪うもので、無制約の屠殺業をすることは市民の毎日の生活にとって必要であると主張されている。

本件で検討中の制定法は、場所を特定しそれ以外の場所での屠殺を禁止しているが畜殺業者が自から畜殺することを禁止していないし、スローター・ハウス会社は重いペナルティの下でそのようにすることを希望する何人に対しても定められた場所での彼らの屠殺を要求されている。畜殺業者は自ら屠殺をしてその肉を売ることは認められているが、一定の場所で屠殺を行い彼らに提供された施設の利用に対する合理的な代償を支払うことが必要とされている。自己の職業を行う屠殺業者の権利あるいは毎日食事を準備する国民の権利が奪われるという主張の正当性を認めるのは難しい。本件でルイジアナ州議会によって行使された権限は、その本質的な性質において現在に至るまでこの国の憲法上の歴史において認められており、州の権限に属するものとして常に認められている一つの権限である。(at 60–62.)

合衆国（Union）の州のほぼ半分において当時存在していたアメリカの奴隷制度については、その最終的な廃止を希望する人々とその保護および永久化を希望する人々との間での長年にわたる争いがあり、奴隷制度が存続していた州の大半において合衆国から分離しそれに抵抗しようとする動きが最高潮（culminated）に達した。このことが反乱戦争（the war of rebellion）となり、その最も重要な原因は奴隷制度であった。

リンカーン暗殺後の一八六五年に新大統領の下で進められた連邦政府と反乱軍側についた州政府との関係を修復する作業の結果、奴隷制度の廃止が州によって正式に承認されたにもかかわらず、奴隷の状況は以前とほとんど変わっていないという事実が次第に明らかとなった。連邦政府との正常な関係を構築することを明らかにしていた州議会で採用された最初の制定法の中には黒人を不当にも無資格（onerous disabilities）としたり、彼らの生命、自由、および財産を追及する権利を制限するものがあったため、彼らの自由はほとんど無価値なものとなった。その一方で、彼らは以前の所有者から受けていた保護を喪失していた。彼らは召使として以外に町に出ることを禁止された。彼らは自ら所有することのできない土地に居住しそれを耕作することを要求された。彼らは多くの職業に就くことができず、白人が当事者である事件に関して裁判所で証言することも認められなかった。彼らの生活は悪徳白人のなすがままにされていた、彼らを保護する法律は不十分で強制力がなかったからである。

その後の数年間の体験を経て、他の二つの修正条項――第一四修正と第一五修正――の起草者（authors）たちは、このような州への制約や議会に付与された権限の下で制定された法律であるにもかかわらず、生命、自由、および財産を保護するには不十分で、新たな修正条項がなければ奴隷の自由は彼らの利益（boon）にはならないことを確信した。彼ら（奴隷）はこれらすべての州において参政権（the right of suffrage）を否定されていた。法律は白人だけで施行されていた。その結果、〝合衆国市民の投票権は人種、肌の色、または従前の労役の状態を理由として、合衆国または州により拒否されまたは制限されることはない〟と宣言する第一五修正が成立した。第一四修正によって合衆国の市民であると宣言された黒人は、それ故、合衆国のすべての州において投票権者と認められたのである。（at 70–71.）

【3】プレッシー人種分離鉄道輸送デュー・プロセス違反否定判決（一八九六年五月一八日）

本判決（Plessy v. Ferguson, 163 U.S. 537）は、ルイジアナ州在住のアメリカ市民であるプレッシーが東ルイジアナ鉄道の一等車の切符を購入し白人専用車輌の空席に座っていたところ車掌から黒人専用車輌への移動が要求されたにもかかわらずこれに応じなかったため駆け付けた警察官により強制的に排除されたうえ投獄された事案につき、列車内の設備等が同一である限り、鉄道での白人と黒人との分離を規定する一八九〇年のルイジアナ州法は不合理とはいえず第一四修正のデュー・プロセス条項にも違反しないとして〝分離すれど平等〟の法理を肯定したものとしてつとに有名である。

【事　実】　アメリカ市民でルイジアナ州に居住していた本件申立人プレッシー（X）は、混血の子孫（mixed descent）で白人の血が八分の七でアフリカ黒人の血が八分の一の割合で混っていたが、そのことは彼の外見上見分けがつかなかった。彼は一八九二年六月七日、ニューオーリンズからConvingtonまでの東ルイジアナ鉄道の一等車の切符を購入し直ちに旅客列車に乗り込み白人の乗客だけに割り当てられている車輛の空席に座った。ルイジアナ州法によって運輸業者として認可されている同鉄道会社には市民を人種別に区分けする権限はなかったにもかかわらず、Xは黒人であるというだけの理由で上記列車から立退き非白人用に割り当てられている車輛への移動を車掌から要求され、それに応じなければ処罰すると告げられた。そのような要求に従うことを拒否したためXは、駆け付けた警察官によって上記車輛から強制的に排除されたうえニューオーリンズ郡刑務所に投獄された。

プレッシー（X）はその後、予備審問のために市の裁判官（the recorders）の下に引致されオーリンズ郡刑事地方裁判所に上記事実に関する法律違反で検事起訴（information）された。Xは合衆国憲法に違反することを理由にそのような起訴に対し異議（demurrer）を申し立て、これに対し地方検事は逆に異議を申し立てた。そこで地裁は両者の申立てを併合し、裁判所の禁止令状（writ of prohibition）がない限り、さらに手続きを進め罰金および投獄を言い渡すことになるとして起訴状に挙示された事実について答弁するようXに命じた。州最高裁は本件起訴の根拠とされた法律は合憲であるとの意見を述べ、Xによって求められている救済を否定した。これに対しXが誤審令状（writ of error）による救済を求めたところ、ルイジアナ州最高裁の首席裁判官によってこれが認められたのが本件である。

【判　示】　原判決維持。　本件は、白人と黒人を分離した鉄道車輛を規定する一八九〇年のルイジアナ州法の合憲性いかんにかかわりがある。

同法第一条は、〝当州においてそれぞれの客車で乗客を運送するすべての鉄道会社は白人と黒人に対し平等だが分離された設備（equal but separate accommodations）を提供するものとする。……何人も、自己が属する人種に割り当てられた座席以外の車輛で座席を占有することは認められない〟と規定する。

第二条は、〝そのような乗客車輛の職員（officers）はそれぞれの乗客に対しその乗客が属する人種によって各別に使用される車輛ないしコンパートメントを割り当てる権限を有する。自己が属しない人種の車輛ないしコンパートメントに乗ることに固執する乗客は二五ドルの罰金または二〇日間を越えない間州刑務所に投獄される、そして乗客が割り当てられた車輛ないしコンパートメントに移動することを拒否すれば、上記職員にはその車輛で彼を運送することを拒否する権限があり、彼または鉄道会社は州の裁判所においてそのような拒否に対しいかなる損害賠償の責任を負うことはない〟と規定する。

禁止令状発付の申請書によれば、Xには八分の七の白人の血と八分の一のアフリカ黒人の血が混じっている、このことは彼の外見から分からなかった。彼は合衆国の白人の市民に保障されているあらゆる権利や特権を有していた、このような理由に基づき彼は白人の乗客に割り当てられていた車輛の空席を占有していたがその席を空け渡し黒人に割り当てられている他の車輛に移るよう車掌から命じられた、そのような要求に従うことを拒否したため、警察官の助けをかりて強制的に排除され上記法律に違反したとする告発に答えるために郡刑務所に投獄された。

この法律の合憲性が争われている、それは奴隷制を廃止した第一三修正および州による制限的な立法を禁止する第一四修正に違反するというのである。

1　奴隷および意に反する苦役を廃止した第一三修正に同法が違反しないことは余りにも明白で議論する必要はない。

2　第一四修正の解釈は【2】スローター・ハウス判決において初めて当裁判所の注意を引いた、しかし同判決は、人種の問題でなく排他的特権の一つとのかかわりについて判示したにすぎない。

第一四修正の目的が両人種の法の下での絶対的平等を実施することであったのは明白であるが、事柄の性質において肌の色等を根拠とした差別（discrimination）を廃止することではなかった。場所の分離を要求ないし認容する法律は必ずしも一方の人種が他方の人種より劣っていることを意味しない、このことは一般に各州がそれぞれのポリス・パワーを行使する際に各州の議会の権限内のこととして是認されていた。これに関する最も普通の例は、白人の子供と黒人の子供との人種別学制度（separate schools）の確立にかかわりがある、そしてそれは黒人の政治的権利が最も早くから最も熱心に実施されていた州の裁判所においてであっても議会の有効な権限であると判示されている。（at 543-544.）

本件での唯一の争点は、分離した座席を乗客に提供することを制定法が鉄道会社に認め、そして車掌が人種別の座席を乗客に割り当てることを認めている限りでの同法の違憲性の問題にすぎない。（at 548-549.）

そうすると第一四修正との抵触にかかわる限り、本件はルイジアナ州の制定法は合理的な規定であるかの問題に帰着する、この問題に関し議会に大きな裁量が認められなければならない。合理性の問題を判断する際に、議会は確立した用法や習慣、人々の伝統、および公共の平和と善良な秩序（good order）の保持を考慮して自由に立法をすることができる。このような基準によって判断すると、公共の施設において異なった人種の分離を認容ないし要求する法律は合理的でないとか、コロンビア地区においてその違憲性が問題とされることはなかった黒人の子供に対し学校の分離を要求する立法以上に第一四修正に違反する（obnoxious）ということはできない。（at 550-551.）

【ハーラン裁判官の反対意見】　ルイジアナ州法によると、同州が乗客を運送するすべての鉄道会社（市街電鉄会社を除く）は各乗客列車に対し二輌以上の客車または別個の設備を確保するために仕切り（partition）を設け各乗客車輌を分離することにより白人と黒人を分離しつつ平等な設備を備えることを要求される。この制定法の下で黒人は白人に割り当てられた車輌の座席を占有することは認められず、白人も黒人に割り当てられた車輌の座席を占有することは認められない。乗客は専らその人種別に使用される車輛ないしコンパートメントを割り当てられる。もし乗客が自分の人種に割り当てられていない車輛ないしコンパートメントに乗ることに固執すれば、彼は罰金刑または郡刑務所に投獄される。

他の人種の子供の世話をする保母に限り同法の適用例外とされる。成人と一緒に旅行をする黒人の従者は例外とされない。たとえその健康状態のため常にそのような従者の個人的援助が必要であるとしても白人は、同一の車輛で黒人の従者を伴うことは認められない。雇用された黒人のメイドが白人女性と一緒に旅行中に彼女の世話をするために同じ車両に乗ることに固執すれば彼女はそのことで罰金または投獄される。

それ故、ルイジアナ州は、合衆国市民による公道の使用をその人種だけを根拠として規制しているのである。このような立法の不正義がどれほど明白と思われるにしても、われわれは、それが合衆国憲法に一致するかだけを検討しなければならない。(at 552–553.)

合衆国憲法は、すべての市民に共通する市民的権利（civil rights）に関してそのような権利を享受する際に保護されるべき権利を有する人種を知る権利を公的に（public authority）認めていないと私は考える。すべての人にはそれぞれの人種の誇りがある、そして他人の権利に影響しない相当な状況下に彼がそのような誇りを表明して相当と思われる行動をすることは法の平等の下で彼に保障された特権である。しかし、私は、これらの市民的権利にかかわるとき立法府または裁判所が市民の人種に注目できる（may have regard to the race）とすることを否定する（人種を明示する必要なし）。実際、本件で問題となっているような立法は、全米であると個々の州であるとを問わず、市民的権利の平等だけにかかわりがあるのではなく合衆国内のすべての人によって享受される人身の自由（personal liberty）にかかわりがある。

第一三修正は人身の自由に内在するいかなる権利の剥奪も許さない。それは合衆国に従前存在した奴隷制度を廃止しただけでなく、奴隷または奴隷状態の記章（badges）に相当する負担や無能力を課すことを禁止している。それはこの国における普遍的な市民の自由を宣言した、そして当裁判所もそのように判断してきたのである。しかし、奴隷であった人々の権利の保護に第一三修正は十分でないことが判明したため第一四修正がそれに続いた。第一四修正はアメリカ市民の栄光と威厳に大いに貢献した。そして〝合衆国において出生しまたは帰化し、その管轄権に服するすべての人は、合衆国およびその居住する州の市民である。〟〝いかなる州も合衆国市民の特権または免除を制限する法律を制定しまたは執行してはならない。いかなる州も法のデュー・プロセスによらずに、何人からも生命、自由または財産を奪ってはならない、またその管轄内にある何人に対しても法の平等な保護を拒んではならない〟と宣言することによって人身の自由の確保に大いに貢献した。これら二つの修正条項は、その真の意図と意味に従って実施されれば、人身の自由および市民にかかわるすべての市民的権利を保護することになろう。最後に第一五修正は、人種を理由として市民は自分の国の政治的コントロールに参加することを否定されるべきでないという目的のために、〝合衆国市民の投票する権利は、人種、肌の色、または従前の奴隷状態を理由に否定されてはならない〟と宣言したのである。

基本法に付加されたこれらの著名な付加文は、世界中の自由の友人によって歓迎された。それらはわれわれの統治制度から人種を除去した。当裁判所はさらに〝合衆国の法は黒人に対しても白人と同様に平等である〟と宣言した。今開廷期において当裁判所は、従前の判決に言及し〝これらの判決の根底にあるのは、市民的権利および政治的権利にかかわる限り、合衆国の憲法はその現在の形式において中央政府または州政府による人種を理由とした市民に対する差別を禁止している〟と宣言したのである。Gibson v. Mississippi, 162 U.S. 565.

本件弁論においてルイジアナ州制定法はいずれの人種も差別せず白人の市民と黒人の市民の両者に同様に適用できるルールを定めていると主張されていた。しかし、この主張は困難な問題に触れていない（does not meet the difficulty)。問題の制定法の当初の目的は、黒人によって占有されている列車から白人を排除することではなく白人に割り当てられている車輛から黒人を排除することであったのは誰でも知っている。果たすべきは、白人と黒人に同一の設備を提供するとの装いの下で(under the guise)後者(黒人)を旅行中に彼らだけの車輛に閉じ込めることだった。逆の主張を真面目に主張する人はいないだろう。

白人はこの国において自らを支配的人種と考えている。しかし憲法の観点からすれば、そして法の目からすれば、この国において優越的で支配的な市民階級は存在しない。われわれの憲法は色盲(color-blind)であり、市民を区別していない。市民的権利に関し、すべての市民は法の下で平等である。それ故、本日この最高裁判所が彼らの市民による市民的権利の享受を人種のみを根拠として定めることを州ができると結論したことは誠に遺憾(to be regretted)である。(Id. at 559.)

私見によれば、本日下された判決は、【1】ドレッド・スコット判決において下された判決と同様、いずれは有害(pernicious)なものとなるであろう。若干の州では未だにすべての市民に共通な市民の権利を人種を前提とする支配的人種――優越した市民クラス――が存在するようである。実際、黒人は白人より劣り彼らは白人の市民によって占められる公共の列車に座ることは認められないとする州の制定法ほど人種間の憎悪をあおり、それ以上に人種間の不信感をより確実にするものがあるのか? それがすべての人が認めるであろうように、ルイジアナ州において制定された法の本当の意味である。

私は、ルイジアナ州法は合衆国憲法の精神および文言の両者に違反するという意見である。このような性格の法が合衆国のいくつかの州において制定されるのであれば、その効果は極めて害をもたらす(mischievous)こととなろう。法によって制度として容認されていた奴隷制度はわれわれの国から消え去ったのは事実であるが、悪意ある(sinister)方法によって自由の完全な享受に介入する州の権限がなお残されているからである。

【4】 第一次ブラウン人種別学制違憲判決（一九五四年五月一七日）

本判決（Brown v. Board of Education, 347 U.S. 483）は、黒人と白人の分離教育を要求または容認する法律の執行停止を求めて小学校やハイスクール学齢の黒人の子供たちが代理人を介して提訴した四事件を一括したうえで、たとえ白人の学校と黒人の学校が物理施設等において平等であるとしても第一四修正の法の平等な保護に違反するとしたものである。なお、本判決は法の平等保護の規定に違反すると判示したにとどまるが、最高裁は本判決と同じ日に言い渡した脚注引用のボーリング判決（Bolling v. Sharpe, 347 U.S. 497）においてコロンビア特別区での公立学校での分離学校の合憲性が争われた事案につき、第五修正の保障するデュー・プロセスに違反すると判示したため、人種を分離した公立学校は平等保護条項およびデュー・プロセス条項に違反することが明らかにされたことになる。

ウォーレン首席裁判官が全員一致の法廷意見を言い渡した。

【事　実】　以下の四件の事案がカンザス、サウス・カロライナ、ヴァージニアおよびデラウェアの各州からわれわれに上訴されている。それらは異なる事実と異なる地方状況を前提にしているが共通の法律問題があるのでそれらを一括して検討する。

【法廷意見】　これら各事案において黒人の未成年者は、彼らの法律上の代理人を介して、彼らのコミュニティでの黒人と白人を分離しない公立学校への入学を獲得する際に裁判所の援助を求めている。これら各事案において彼らは人種による分離を要求または許容する法の下で白人の子供が通っている学校への入学を否定されてきた、このような分離は第一四修正の下で法の平等な保障を原告から奪ったと主張していた。デラウェア州を除く各事案において三人の裁判官から成る連邦地方裁判所は、【3】プレッシー判決において当裁判所によって宣告されたいわゆる〝分離すれども平等（separate but equal）〟の理論に従って原告に対する救済を退けた。たとえそれらの施設が分離されていたとしても事実上平等の施設が両人種に提供されているとき取扱いの平等は提供されているというのである。

原告は、分離された公立学校は〝平等〟でないし〝平等〟にはなりえない、それ故、彼らは法の平等保護を奪われたと主張する。提示された問題の重要性を理由に当裁判所は管轄権（jurisprudence）を認めた。一九五二年の開廷期に弁論が開かれ、そして当裁判所によって提示された若干の問題に関し再弁論が本開廷期に開かれた。

再弁論は主として第一四修正の採用をめぐる一八六八年当時の状況に集中していた。それは専ら議会での修正、州による批准、当時存在していた人種分離の慣習、および同修正の支持者と反対者の見解が検討された。このような当時の議論およびわれわれ自身の調査の結果、これらの情報（sources）は若干の光を投げかけるけれどもわれわれが直面している問題の解決には十分でないことをわれわれは確信する。

分離学校に関し第一四修正の歴史が明確でないさらなる理由は、当時の公教育の地位にある。一般的な税によって裏付けられた無料の普通教育（free common schools）に向けた運動は南部において未だ行われていなかった。白人の子供の教育は主として民間グループの手中に委ねられていた。黒人の教育はほとんど存在していなかった、そして黒人は事実上そのすべてが文盲だった。実際、黒人の教育は若干の州では法律によって禁止されていた。ところが今日、多くの黒人は、ビジネスや専門的世界においてと同様、芸術や科学の世界においても目覚ましい成功を収めている。第一四修正採用当時の公教育は北部においてさらに進展していたことは事実であるが、第一四修正の北部諸州への影響は議会での討論において一般に無視されていた。北部においてであっても公教育の状況は今日存在するような状況に近づいていなかった。田園地帯において無学年制学校（ungraded schools）は一般的だった。学期（school term）は多くの州において一年に僅か三か月だった、義務教育制度（compulsory school attendance）は事実上知られていなかったのである。その結果、第一四修正の歴史においてその意図した公教育への効果に関しほとんど言及されていないのは驚くべきことではない。

第一四修正の採用後まもなくその意味を解釈する（construing）当裁判所での最初の事案において、当裁判所は、黒人に対しすべての州の課している差別（discriminations）をそれは禁止していると解した。〝分離すれども平等〟の理論は教育ではなく交通輸送にかかわる一八九六年の【3】プレッシー判決まで当裁判所に提示されたことはなかった。

われわれは、この問題にアプローチする際に第一四修正が採用された一八六八年にあるいはプレッシー判決が書かれた一八九六年に、時計の針を戻すことはできない。われわれは、全国至る所でのアメリカの生活におけるその全面的発展およびその現在の位置に照らし公教育を考えなければならない。このような方法においてのみ公立学校での分離はこれら原告から法の平等の保護を奪っているかが判断できるからである。

そこでわれわれは本件で提示された問題に移る、すなわち、専ら人種を根拠とした公立学校での子供の分離は、たとえ物的施設その他の要素が平等であるとしても、少数グループの子供から平等な教育の権利を奪うことになるか？　われわれは奪うことになると信じる。

われわれは、〝分離すれども平等〟の理論は公教育の分野においてもはや占める場所がない、と結論する。分離された教育施設は内在的に不平等である。それ故、われわれは、原告およびそれに対し本件訴訟が起こされてきたその他の類似の状況にある人は、異議が申し立てられている分離を理由として、第一四修正によって保障された法の平等保護を奪われていると判示する。このように本件を処理するので、そのような分離は第一四修正のデュー・プロセス条項にも違反するかの判断は不要となる。（at 495.）

合衆国最高裁はウォーレン首席裁判官執筆の本件差戻し後の一九五五年五月三一日に言い渡された第二次ブラウン判決（Brown v. Board of Education of Topeka, 369 U.S. 294）において、一九五四年五月一七日の【4】第一次ブラウン判決は公教育における人種分離は憲法に反するという基本的原理を宣言したにとどまり、どのような救済がなされるべきかの問題が残されているとして、この点につき次のように判示した。

われわれは、この判決の全国的な重要性に鑑み、合衆国司法長官および公教育での人種差別を要求または認容しているすべての州の司法長官にこの問題に関する彼らの見解を明らかにするために口頭弁論に出席するよう求めた。両当事者、合衆国、およびフロリダ、ノース・カロライナ、アーカンサス、オクラホマ、メリーランド、そしてテキサスの各州が口頭弁論に参加した。

彼らの説明（presentations）は有益で人種差別のない公教育制度の移行に伴う複雑な問題をわれわれが検討するのに役立った。この説明はまた、人種差別の解消に向けた実質的方策が本件訴訟が提起されたコミュニティの一部においてのみならず、裁判所の友として出席した州の一部においてもその他の州と同様、すでに実施されていることを明らかにした。実質的な進展がコロンビア地区および本件訴訟とかかわりのあるカンザスおよびデラウェアでの各コミュニティにおいてなされていた。サウス・カロライナとヴァージニア州の事案で被告人は救済（方法）に関し当裁判所の判断を待っている。

これら憲法原理を完全に実施するには様々に異なった各地方における学校の問題を解決する必要がある。学校当局にはこれらの問題を明らかにして評価しそして解決する第一次的責任（primary responsibility）がある。このような考慮が重視される一方で、われわれの一九五四年五月一七日判決への完全な遵守（full compliance）に向けた迅速で合理的なスタートを始めることを裁判所は被告人に要求できる。効果的な方法でそれらを遂行するためにさらなる時間が必要であると裁判所は認めることができる。裁判所は、学校建設の物的状態、学校への輸送体制、人事、人種にかかわりなく公立学校への入学を認めるための制度を確立するための学区の再編成や推進計画を解決するために必要な地方の法と規則の見直しなど、教育行政（administration）にかかわる問題を検討できる。裁判所はまた、移行期の間、これらの問題につき管轄権を有する。

したがって、デラウェア州の事案を除き、下級審判決を破棄し、各地方裁判所に差し戻すこととする。デラウェア州の判決——今まで白人の子供にのみ通学が認められていた学校への原告の即入学を命じた——は一九五四年五月一七日付けで述べた理由に基づき維持するが、州最高裁が必要と考えるさらなる手続きのためにデラウェア州最高裁に差し戻すこととする。(at 299-301.)

第四章　実体的デュー・プロセス

一　概　要

アメリカでは実体的デュー・プロセスという用語自体は定着しており、このことは関連判例を繙けば明らかである。ただ、アメリカでは一九六〇年代に入るといわゆる一九八三条訴訟が急増し、そして関連判例の大半は一九八三条訴訟をめぐるものである。

以下、ひとまず実体的デュー・プロセスが確立するに至る経緯を明らかにした後、一九八三条訴訟に触れ、次いでグラハム判決で否定されたが下級審に大きな影響を与えたとされる一九七三年の第二巡回区ジョンソン判決について簡単に紹介しておく。

1　実体的デュー・プロセスの確立

合衆国最高裁は一九世紀末から一九三〇年代にかけて、第一四修正のデュー・プロセス条項は手続面のみならず実体面においても適用できることを要求しているとして、多くの社会経済立法を〝契約の自由〟に反する違憲立法であるとした。すなわち、第一四修正は〝法のデュー・プロセスによらずに、何人からも生命、自由、または財産〟を奪うことを禁止しており、この〝自由〟の中には〝契約の自由〟が含まれているというのである。製パン労働者の最高労働時間について規制した州法をデュー・プロセス条項に違反すると明示した一九〇五年のロクナー判決がその典型例である。

合衆国最高裁はその後、洗濯作業場での女性労働者の就労時間を制限する州法の合憲性を認めた一九〇八年のミューラー判決を経て一九三七年のパリッシュ判決において女性最低賃金を定めた州法を合憲とした際に従前の実体的デュー・プロセス論を廃棄するが、一九七二年の画期的なロウ対ウェイド判決においてこれを復活する。すなわち、女性の妊娠中絶（堕胎）に関する決定権を憲法上のプライヴァシー権として承認し、これを第一四修正のデュー・プロセス条項で保障される〝自由〟に含まれていると解したのである。もっとも、ロウ判決の適用範囲はウェブスター判決やケイシィ判決等で次第に限定されるが、実体的デュー・プロセスの概念は定着しており、とりわけ注目されるのは〝良心にショック〟を与える政府（訴追）側の行為によって獲得された証拠に基づいた有罪判決は実体的デュー・プロセスに反するとした一九五二年のローチン判決が微動だにせず確立していることである。

ラニール判決はやや特異な事件であるが、現職裁判官による裁判所女性職員等への性的暴行事件につき良心にショックを与えるとして実体的デュー・プロセスに違反するとした原判決での反対意見を全員一致で採用したものである。

2　一九八三条訴訟

一九八三条はいわゆる再建（Reconstruction）とそれに伴う州と連邦の関係における根本的変化の産物である。市民的権利に関する法律（Civil Rights Acts）の一つとして一八七一年に制定されたクー・クラックス・クラン法（Ku Klux Klan act）の第一条に現行法とほぼ同一の規定があり、憲法に違反する州の行為の犠牲者には不法行為者（the wrongdoing person）を訴える権利が認められている。その後ごく一部の修正を経て制定された現行の一九八三条（42 USCA §1983）は〝州の制定法、条例、規則……の外観の下に（under color of）〞合衆国市民から〝憲法および法律によって保障されている何らかの権利、特権、または免責を剥奪した者はすべて法律上の訴訟において侵害された当事者（the party injured）に対し責任を負う〞と規定している。

一九八三条はその後もほとんど利用されなかったが、合衆国最高裁が一九六一年のモンロー判決（Monroe v. Rape, 365 U.S. 167）において警察官による憲法違反行為の被害者は一九八三条を根拠として連邦裁判所に当該警察官に対する損害賠償訴訟を提起できるとして一九八三条の再生（rebirth）を明示したため同条を利用した一九八三条訴訟が急増する。

Cf. Michael G. Collins, Section 1983 Litigation（Third Edition）（Thomson West）（2006）.

二　主要関連判例の検討

合衆国最高裁は一九〇五年のロクナー判決（Lochner v. New York, 198 U.S. 451）において製パン業労働者の最高労働時間を規制したニューヨーク州法を第一四修正違反としたが、一九〇八年のミュラー判決（Muller v. Oregon, 208 U.S. 412）では洗濯作業所における女性労働者の労働時間を規制するオレゴン州法を合憲とし、一九三七年のパリッシュ判決（West Coast Hotel Co. v. Parrish, 300 U.S. 379）では女性および未成年者への最低賃金の設定を認めたワシントン州の女性最低賃金法を第一四修正に違反しないとした。

【1】ローチン胃ポンプ強制第一四修正デュー・プロセス違反判決（一九五二年一月二日）

本判決（Rochin v. California, 342 U.S. 165）は、覚せい剤の売買をしているとの情報を得た三人の保安官補がローチンの自宅に赴き寝室に押し入りベッド横のテーブルに置かれていたカプセルを見つけたのでそれは何かと尋ねたところローチンが飲み込んだので病院に連行して医師に命じて胃ポンプを通して吐剤を流し込み胃の中からモルヒネの入ったカプセルを採取した事案につき、一連の行為は〝良心にショックを与える〟もので第一四修正のデュー・プロセス条項に違反するとしたものである。

【事　実】　本件申立人ローチン（X）が麻薬を売買しているとの情報を得たロサンジェルス郡の三人の保安官補（Pら）は一九四九年七月一日朝、Xが母親、内縁の妻、兄弟姉妹と同居する二階建て住居に向かった。入口のドアが開いていたのでPらはその中に入り二階にあるXの部屋に通ずるドアを押し空けた。部屋の中でXは衣服を着たまま妻が寝ているベッドの端に座っていた。Pらはベッド横の〝ナイトスタンド〟上にある二つのカプセルを見つけ〝これは誰のものか〟と尋ねるとXはそのカプセルを摑みそれを口の中に入れた。争いが続いた、そのうちにPら三人は〝Xに飛びかかり〟カプセルを引き出そうとしたが、Xの抵抗の方が強く引き出すことはできなかった。Xは手錠をかけられ、病院に連行された。Pの指示に応じた医師が無理矢理にローチンの胃の中に管を入れ吐剤を流し込んだ。この〝胃ポンプ（stomach pumping）〟の結果、胃の中のものが吐き出された。その吐物の中に二つのカプセルがあり、そのカプセルにはモルヒネが含まれていた。

ローチン（X）は、カリフォルニア州一九四七年健康安全法に違反して〝モルヒネ調剤（preparation of morphine）〟を所持した罪で陪審なしの公判に付された。Xは有罪とされ、六〇日間の拘禁刑を言い渡された。Xに不利な主たる証拠は二つのカプセルだった。それらの獲得方法はほぼ明らかにされているけれども、Xの異議にもかかわらず証拠として許容された。

控訴審は、〝被告人（X）の部屋への違法な侵入、被告人への違法な暴行・殴打〟および〝前記病院での被告人への違法な暴行・殴打・拷問と不当拘禁〟でPらの有罪を認定しながら、Xの有罪判決を維持した。三人の裁判官の一人は〝本件記録によれば、憲法上の一連のショッキングな権利侵害のあったことは明らかである〟としつつ州最高裁の判決に拘束されるとの理由で結論に同調した。カリフォルニア州最高裁は、二人の裁判官の反対意見が付されていたが、その理由を述べずにローチンの再審理（hearing）の申立てを退けた。（at 166-167.）

これに対し合衆国最高裁は、第一四修正のデュー・プロセス条項が州による刑事手続きの行為（conduct）に課している制約に関し重大な問題が提起されていることを理由に上告受理の申立てを容れ、全員一致で原判決を破棄した。

【判　示】　原判決破棄。　われわれの連邦制度において刑事司法の運営は圧倒的に各州の責任（care）に委ねられている。大雑把に言えば、合衆国における犯罪は、私権剥奪法（bills of attainder）や事後法（ex post facto laws）を禁止する当初の合衆国憲法第一条第一〇節第一項、および第一三修正と第一四修正の制約に服するものの、個々の州法が犯罪として定義するものである。

このような制約は、主として、連邦当局が先取りした（preempted）一定の分野を除き、犯罪を定義する各州の権限に関する制約でなく各州がそれぞれの刑法典を執行するその方法に関する制約である。

デュー・プロセス条項の曖昧な輪郭は自由な判断に委ねられているのではない。法のデュー・プロセスの概念は最終的でも固定的でもないとしても、これらの制約はわれわれの司法過程の全性質の中に溶解しているという考えに由来する。Cardozo, The Nature of the Judicial Process ; The Growth of the Lawを見よ。これらは、法的職業の理性および無視できない伝統（compelling tradition）の中に深く根付いている考えである。（Id. at 170-171.）

デュー・プロセス条項の機能（faculties）は明確でなく曖昧であるかもしれない、しかし、それを確認する方法は身勝手なもの（self-willed）でない。各事案において法の〝デュー・プロセス〟は、科学の精神で追求された公平な調査（disinterested inquiry）に基づいた、進歩する社会での継続および変化の両者の必要性の調整をその場限りの気紛れでない（not ad hoc and episodic）十分に検討した判断に基づいた評価を要求している。（Id. at 172.）

これらの一般的考慮を本件事案の状況に適用すると、われわれは、本件での有罪判決が獲得された手続きは余りにも強力な犯罪闘争についてやかましい人の個人的感傷を害する以上のものがあると結論せざるを得ない。「これは良心にショックを与える行為である。違法に申立人の寝室に押し入りその口をこじ開けてその中にあるものを取り出すために争い、彼の胃の内容物を無理矢理に引き出す――証拠を獲得するための政府官憲（agents）によるこれら手続きの過程は、冷徹な人の感覚であっても傷つけずにはおかない。これらはほとんど拷問ともいえるものであり、それらと憲法上の差異を認めることはできない。」

カリフォルニア州最高裁は、有罪を獲得するためのこのようなやり方を是認したのではない。単にその裁量権を行使して有罪判決の再審理を拒否したにすぎない。本件に関与したカリフォルニア州の裁判官はすべて極めて強い言葉でPらの本件行為を非難している。

本件事実に基づき、申立人の有罪判決はデュー・プロセス条項を傷つける方法によって獲得されたものである。原判決は破棄されなければならない。（Id. at 174.）

【2】　ロウ堕胎禁止法デュー・プロセス違反判決（一九七三年一月二二日）

本判決（Roe v. Wade, 410 U.S. 113）は、争点類似事件であるドウ判決（Doe v. Bolton, 410 U.S. 179）とあわせて一括審理し州の堕胎禁止法につき第一四修正のデュー・プロセス条項に違反するとしたものである。なお、ロウ、ドウはいずれもアメリカ判例法上、必要な場合に通常使われる仮名である。

【3】ラニール現職裁判官暴行事件実体的デュー・プロセス違反判決（一九九七年三月三一日）

本判決（United States v. Lanier, 520 U.S.259）は、その職務室において現職裁判官が五人の女性を性的に暴行し彼女らの憲法上の権利を侵害したとして合衆国法典第一八篇第二四二条（18 U.S.C.§242）の下で有罪とされたところ第六巡回区が全裁判官関与の九対五の判決で問題の憲法上の権利は合衆国最高裁判決で従前確認されたことはなかったことを理由に有罪判決の取消しを命じた事案につき、全員一致でこれを破棄したものである。

【Daughtrey裁判官の反対意見】（**四裁判官同調**）　多数意見は本日、現職の州裁判官による裁判所職員または裁判所の関わるプログラムへの参加者に対し行われた性的暴行を合衆国法典第一八編第二四二条（18 U.S.C.§242）は禁止していることを最高裁は判示したことはないという理由で第二四二条の下での被告人の有罪判決を破棄し彼に対する訴追は行ってはならないと宣言する。このような結論は、連邦憲法はそのような攻撃に対する保護を提供していないとの多数意見の判断に基づいたものである。私は多数意見と異なり、そのような憲法上の保護は十分に確立していると考えるので反対する。（at 1403.）

【判　示】　Ｉ　D・ラニール（X）は従前、西テネシー州の二つの地方郡を管轄する州のエクイティ裁判所の唯一の裁判官であった。本件記録によれば、Xは在職中であった一九八九年から一九九一年の間に彼の執務室において数名の女性に性的暴行を加えた。最も重大な二度にわたる性的暴行は離婚訴訟手続きがXの下で始められており娘の親権問題がなおXの権限内にあった一人の女性に対するものであった。その女性がXの裁判所での秘書の仕事を志願したとき、Xは彼女を面接し娘の親権については再度調査する必要があるかもしれないと述べた。その女性が立ち上がって帰ろうとしたときXは彼女を掴まえ性的暴行を加え、そして最後にオーラル・レイプを犯した。その二、三週間後にXは、他の仕事に関する情報を入手するため再び裁判所に来るように彼女を誘った、そして再び彼女に性的暴行を加えてオーラル・レイプをした。その他にも五回にわたりXは、他の四人の女性に性的暴行を加えていた。そのうちの二人は彼の秘書と連邦プログラムの地元のコーディネータであり、他の二人はXが現職の裁判官である少年裁判所の係官と裁判所に関係する問題を相談するためにXの執務室にいた女性だった。(at 261.)

ラニール(X)は結局、一一回の合衆国法典第一八編第二四二条(18 U.S.C.§242)違反で起訴された、大陪審起訴の各訴因は、テネシー州法の外観の下に故意に行動することによって彼は〝合衆国の憲法および法律によって保障・保護されている権利および特権すなわち故意の性的暴行を受けない権利を含む、法のデュー・プロセスなしに自由を奪われない権利〟を被害者から奪ったと述べていた。Lanierは公判前に、第二四二条は曖昧であるから無効であるとして大陪審起訴の取下げ(dismiss)を申し立てた、地裁はこの申立てを却下した。(Id. at 261-262.)

公判裁判官は、被告人が合衆国の憲法または法律によって保障されている権利を被害者から奪ったという犯罪の構成要素として立証すべき政府(検察側)の立証責任に関して、陪審に次のように説示した、すなわち

〝第一四修正のデュー・プロセス条項によって保障されている自由の中に含まれているのは、個人の身体の完全性の観念および権限のない州による不法な侵入による物理的虐待を受けない権利です。ここで保護されている自由の権利は、公務員の行為が当該状況下に人の良心にショックを与えるほど屈辱的で有害であるときまたは合衆国の法の外観の下に行動したとされる州の公務員による法律上の正当化理由のない物理的・身体的虐待を何人も受けることはないと規定しています。このような物理的虐待を受けない権利は性的に動機付けられた物理的暴行や強制された性的接触(coerced sexual battery)を受けない権利を含んでいます。しかし、正当化できない州の公務員による接触やわしづかみがすべて憲法上の人の権利を侵害するというのではありません。物理的虐待は、人の良心にショックを与える物理的有形力、精神的強制、身体傷害または情緒的損傷を含む極めて重大な性質のものでなければなりません。〟

陪審は、七訴因について有罪、三訴因について無罪（一訴因は検察側立証の最終に取り下げられていた）と答申した。陪審はまた、二件のオーラル・レイプは〝身体の損害〟をもたらしたと認めたため他の五訴因の下での各一年の拘禁刑に加えて、それらの訴因につきXは各一〇年の拘禁刑を言い渡された。彼はそれらを順次執行されて（consecutively）合計二五年の刑を言い渡された。

第六巡回区控訴裁判所の合議体（panel）は有罪および量刑を維持したが、全裁判官関与の法廷（the full court）はこの判断を無効とし、全裁判官参加による再審理（rehearing en banc）を認めた。再審理で同裁判所は、〝この曖昧な刑事制定法（すなわち第二四二条）はその範囲内に単純なまたは性的な暴行を含むことを国民に告知していないとの理由でXの有罪を破棄した。第六巡回区は、刑事制定法の解釈のための一般的基準を採用し、当最高裁のスクルーズ判決（Screws v. United States, 325 U.S.91）での相対的多数意見と同様、第二四二条の下で刑事責任が科せられるのは、侵害されたとされる憲法上の権利が（他の連邦または州の裁判所ではなく）まず最初に当最高裁の判決で確認され、かつその権利が〝本件でのそれと基本的に類似する事実状況〟において適用すると判示されているときに限られると判示した。控訴審はこれらの結合された要件を民事事件において第一九八三条（42 U.S.C.§1983）の下で〝限定的免責を判断するために利用されてきた明確に確立した基準より実質的にそれより高い〟と考えた。そして本件と〝基本的に類似する〟状況下において正当化されない攻撃または身体の完全性への侵害を受けない権利を現に適用した当最高裁の判決はないと認め、第六巡回区は大陪審起訴を取り消すとの指示とともに有罪判決を破棄した。二人の裁判官は、オーラル・レイプに関わる重罪訴因を取り消そうとしなかったが軽罪の訴因の取消しには同調した、同裁判所の三人の裁判官は取消しのすべてに反対した。

われわれは、特定の行為が第二四二条の下で刑事責任の範囲内に入るかを判断するための基準を再審査するために上告受理の申立てを容れた、そして原判決を無効として差し戻すこととする。（at 262-263.）

Ⅱ　第二四二条は、⑴故意に、かつ⑵法の外観の下に、⑶合衆国の憲法または法律によって保護された権利を人から奪う行為を犯罪とする再建時代の市民権法（Reconstruction Era civil rights statute）である。第六巡回区の全裁判官関与の判決は、これら三要素のうちの最後のものだけを取り扱っている、われわれが本件で関心のあるのはこの要素だけである。（at 264）

合衆国の憲法または法律によって保障されている権利、特権、または免責の剥奪に言及する第二四二条の一般的な文言は、〝合衆国の憲法または法律によって（いかなる人に対しても）保障されている権利または特権の自由な行使〟を妨げるコンスピラシーについて述べている、これと一対のコンスピラシー制定法（its companion conspiracy statute）である第二四一条の範囲と一致している。それ故、それが禁止する特定の行為を挙げる代わりに一般的な各制定法の文言は参照として組み入れられている、そして組み入れられた憲法上の保障の多くは、もちろん、それ自体、若干普遍性のある文言で述べられている。その結果、制定法もその憲法上の関係条項（referents）の多くも、とくに禁止された行為の範囲を明らかにしていない。

第二四二条によって保障されラニールによって侵害されたとされるデュー・プロセスの権利は、皮肉にも、その包括的な自由の保護の適用を施行するための起訴が他の権利の剥奪を被告人にもたらしかねない重要な一例（a case in point）を示している、すなわち、ホウムズ判事が述べたように〝法は何をしようとしているのかについて普通の人間が理解できる言葉での十分な警告〟が必要である、禁止されていることを合理的に理解できなかった行為に対し何人も刑事責任を問われないからである。（at 265.）

十分な警告に関連する三つの問題（manifestations）がある。第一、曖昧性の理論は、ある行為をすることを極めて曖昧な言葉で禁止したりそれを要求する制定法は、通常の理性を備えた人間であればその意味を当然推測しなければならないためその適用に関して見解が異なる、そのような制定法の施行を禁止する。第二、曖昧性の原理の下位様式（junior version）の一つとして、刑事法の厳格な解釈または寛大なルール（a rule of lenity）の規準は、それをカバーできる行為に対してのみそれを適用することにより刑事制定法における不明確性を取り除くことで、十分な警告を保障する。第三、必要とされる明確性のレベルは、それ以外の不確かな制定法に関する司法解釈によって提供できるけれども、デュー・プロセスは刑事制定法も従前の司法判断もその範囲内のものとして十分に明らかにしていなかった行為に対する刑事制定法の新規な解釈（novel construction）をすることを裁判所に禁止する。これらのいずれにおいても「その試金石は、当該制定法がそれだけでまたはその解釈として被告人の行為が犯罪であることがその犯行時に合理的に明らかにしていたかどうかである。」（at 266–267.）

われわれは、この規準を一九四五年のスクルーズ判決（Screws v. United States, 325 U.S. 91）で適用した、同判決は、司法審査の根拠を提供するデュー・プロセスの発展的文言（expansive language）が第二四二条の中に参照として組み入れられているとき、刑事責任の範囲について十分な警告を与えるというはるかに困難な仕事に一般的にふさわしくなかったことを認めた。スクルーズ判決の相対的多数意見は、第二四二条の採用によって課せられた警告の要件は〝制定法が定義せず、それ故、それが何らの警告をしていない性質の犯罪で被告人を裁判に付す〟のと同一であるとした。それと同時に同じ裁判官たちは、〝合衆国の憲法または法律の明示の文言によってまたはそれらを解釈した判例によって具体化された権利〟を侵害したとして被告人が訴追されているとき、このような憲法上の困難性は生じないことを是認した。広汎な憲法上の要件がその文言または確立した解釈によって〝具体化された〟とき、故意の違反者は〝それらには刑罰が伴っているという十分な事前の告知を受けていなかったという立場にないのは明らかである。彼らは、知ることのできなかった何かに違反したことを理由に処罰されるのではない。〟したがって、スクルーズ判決は、制定法の及ぶ範囲を起訴された当該行為時に〝具体化〟されていた十分に警告されていた権利に限定したのである。（at 267.）

第六巡回区は本件において、十分な警告の具体化された基準に二つの注解を施した。その見解によると、一般的に述べられた憲法上の権利がスクルーズ判決の意味で具体化されるのは当裁判所の従前の判決がその権利を宣言し、かつ起訴されている事案と〝基本的に類似する〟事案に当裁判所が適用したときに限られるというのである。しかし、本件において今までに提出された理由はいずれもわれわれを納得させるものはない。

第一、控訴裁判所の見解とは異なり、当裁判所の判決だけが必要とされる警告を提供できる理由としてスクルーズ判決を理解するのは正しくないとわれわれは考える。スクルーズ判決の相対的多数意見は最高裁の判決に関わる二つの例を示しているけれども、彼らの意見は憲法を〝解釈する判決〟によって具体化された権利に一般的な文言で言及したものであり、その後の判決もわれわれの意見に限定されると判示したものはない。さらにわれわれは、一九八三条およびBivens v. Six Unknown Fed. Narcotics Agents, 403 U.S. 388（1971）の下での限定的免責(qualified immunity) ルールを適用する際に、ある権利が〝明確に確立〟していたかを調査するとき控訴裁判所の判決に言及してきたことも重要である。

われわれの判例もまた〝基本的に類似〟する事実状況に問題の権利を適用した先例を要求していない。従前の判決が当時問題となった行為は憲法上の権利を侵害したことを合理的に警告している限り、われわれは第二四一条または第二四二条の下での有罪判決を是認してきたのである。しかし、たとえこれらの事例を傍に置くとしても、第六巡回区の〝基本的に類似〟の基準は不必要に高度の確実性を公判裁判官に要求すると同時に多くの争いを招くことにもなりかねないとわれわれは考える。「この危険は、第二四二条の下でのデュー・プロセスは第一九八三条の下での憲法違反に対し民事上の責任を課すために公務員に要求されている〝明白に確立した〟法以上のことを要求しているとの控訴裁判所の見解に由来する。」これは誤っているとわれわれは考える。(at 268-270.)

このことは、もちろん単一の警告の基準はすべての事案において十分な具体化の程度を示しているという意味でない。一般的ルールが問題となる特定の行為類型に適用されるかにつき従前の判例が明示に解釈の余地を残しているときのような若干の状況においては、以前の事実について極めて高度な程度の特定性が必要とされようが、法の一般的な表明では十分で明確な警告を与えることが内在的にできないということにはならない、本件での反対意見でDaughtrey判事が指摘したように、〝極めて簡単な事案は発生すらしない。里子を奴隷に売りとばしたとして福祉局の公務員を告発するような第一九八三条の事例は一切なかったが、もしそのような事例が発生すれば、当の公務員は刑事上の）責任を免除されるということにはならない〟のである。

控訴裁判所は、以前の司法判断は被上告人の行動が憲法上の権利を侵害したかを判断する際に誤った基準を用いたのであるから、われわれは原判決を破棄し、正しい基準の適用のために本件を差し戻すこととする。(at 272.)

第五章　共犯者の自白と証人審問権

第六修正の対面条項は〝すべての刑事訴追において被告人は自己に不利な証人と対面する権利がある〟と規定している。憲法の文言だけでこの問題は解決しない。その意味を理解するにはこの条項の歴史的背景に目を向けなければならない。自己の告発者と対面する権利はローマ時代に遡る概念である。しかし、この概念に関する建国世代の直接的な源はコモンローだった。イギリスのコモンローは、証人が刑事裁判で証言する方法に関し大陸法（continental civil law）と異なっていた。コモンローの伝統は相手方の吟味（adversarial testing）にさらされる法廷での生の証言のそれであった。一方、大陸法は司法官（judicial officers）による非公開の尋問記録を容認する。

それにもかかわらずイギリスは大陸法のやり方の要素を時に採用した。治安判事（justices of the peace）その他の官吏が被疑者（suspects）や証人を公判前に尋問した。これらの尋問記録は時には生の証言の代えて法廷で読み上げられた、このやり方に対し被告人（the prisoner）から、自己の告発者すなわち彼に不利な証人を自己の面前に直接引致せよという要求があり、若干の事案でこれらの要求は退けられた。

以下、共犯者の自白の問題に引照不可欠な判例のみを順次検討しておく。

【1】　サー・ウォルター・ローリ大逆罪有罪判決（一六〇三年）

本判決（Sir Walter Raleigh Trial）は、被告人ローリを巻き込む共犯者と称するコバム伯の自白だけで有罪とされた英米史上最も著名な大逆罪事件につきその有罪を肯定したものである。

ローリの共犯者と称するコバム伯（Lord Cobham）は枢密院での尋問および一通の手紙で彼を巻き込んでいた。これらがローリの裁判で陪審に読み上げられた。ローリは、コバムが〝自己自身を救うために嘘をついている、コバムは王の慈悲による完全な赦免を求めている、すなわち私を赦すことは彼の役に立たない、私を非難することによって彼は恩恵を期待している〟と主張した。コバムが（前言を）取り消すことを疑っていたローリは、〝コモンローの立証は証人および陪審によるものである、コバムをここに呼びつけ、彼にそのことを語らせよ、私の面前に私の非難者を召喚せよ〟と主張した。裁判官たちはこれを拒否し、そして〝スペイン式糺問手続（Spanish Inquisition）によって〟裁判にかけられているとのローリの抗議にもかかわらず、陪審は有罪と認定し、そしてローリは死刑を宣告されたのである。

ローリの公判にかかわった裁判官の一人は後に〝サー・ウォルター・ローリの断罪ほどイギリスの正義（裁判）が価値を下げ（degraded）傷つけられたことは一度もなかった〟と後悔した。一連の制定法および司法改正を介してイギリス法は、このような濫用を制約する対面権（a right of confrontation）を発展させた。被疑者の自白は被疑者本人にのみ不利に用いられるのであり、被疑者が巻き込んだ他の者に不利に用いられないとする。要するに他の者を自己の犯罪に巻き込む共犯者の自白は自白者本人に対してのみ不利な証拠として利用できることはすでに一六〇三年のウォルター・ローリ裁判で確立していたのである。

【2】 サセックス公爵位継承事件（一八八四年）

本判決（Sussex Peerage Case [1843-1860] All E.R. 55）は、ジョージ三世の第六王子であるサセックス公爵（F）とMとの間に生まれた甲がF死亡後に爵位等の継承を申し立てた際に、ジョージ二世の直系の子孫は国王の事前の同意なしに結婚できずこれに違反した当事者および悪意の関係者には刑罰が科せられる旨王室婚姻法が規定していたため、国王の事前の同意のないサセックス公爵（F）とMの結婚式をローマで司式した旨のイギリス国教会牧師Gの子息に対する供述の許容性が争われた事案につき、原供述者の金銭上ないし財産上の利益に反する供述だけが伝聞例外として許容されることを理由にGの供述が排除されたため、この判示部分がいわゆるサセックス法則として、その後およそ一世紀にわたり英米判例法を支配することになる。

【事　実】　甲はサセックス公爵（F）の死亡直後に、ヴィクトリア女王に対し、サセックス公爵の爵位等の諸特権の継承を求める請願書を提出した。それによると、英国王ジョージ三世の第六王子であるFは一七九三年四月四日にローマでMと結婚した。この結婚式は、イギリス国教会の牧師Gが司式し、ほぼイギリス国教会の儀式に従って行われた。二人はその後、イギリスで正式に結婚し、一七九四年一月一三日に甲がロンドンで生まれた。Fは後にサセックス公爵等の爵位を授与され貴族院議員となり、一八四三年四月二一日に死亡した。甲はFの唯一の直系の男子相続人であるという。女王は法務総裁に調査報告を命じた。同総裁は、FとMの二人が一七九三年にローマで結婚したことは確認できたが、王室婚姻法との関係で問題があり貴族院の判断を求めるのが相当である旨勧告した。なお、王室婚姻法には、ジョージ二世の直系の子孫は王（またはその後継者）の事前の同意なしに結婚できず、同意のない結婚は無効で当事者および悪意の関係者には刑罰が科せられると定められていた。女王はこの勧告に従って、右報告書を添えて請願書を貴族院に付託し、貴族院はこれをさらに貴族院特典審査委員会（Lord's Committee for Privileges）に付託した。同委員会は一八四四年六月七日、大法官（Lord Chancellor）出席の下に第一回の審理を行った。

甲側代理人は、ローマでのFとMの結婚はイギリス法上も有効だが王室婚姻法はイギリス国外での結婚には適用されないとしたその上で、二人の結婚式をローマで司式した旨のイギリス国教会牧師Gの子息に対する供述などを証拠として提出し次のように主張した。

「Gは、問題の結婚式を司式した点で違法行為をしたと考えてよい。それ故、違法な法律行為に関係したことを認めるのはGの利益に反することである。Gが（生前）大法官法廷で供述することを拒否したのはそのためである。法が考えている利益は金銭上の利益に限定されない。当該供述は故人たる当事者の考えでは彼自身の利益に反すること、彼はそれを知る手段を有していたこと、そして彼には自己が知り得た知識を偽って供述する動機がなかったことが立証されると、その供述は証拠として許容される。自己自身の利益に反してされた当事者の口頭による供述は常に証拠として許容される」と主張した。

貴族院特典審査委員会は、Gの供述は金銭上ないし財産上の利益に反するものでないとしてこれを排除し、いずれの点についても甲の主張を退けた。これに対し、甲側が貴族院の判断を求めたところ貴族院は次のように判示して甲の主張を退けた。

【判　示】　「（甲側代理人の主張によると）当事者がある事実を知っていた、そして死亡した、（ところが）死亡前にある供述をしており、その供述は彼の利益に反するもので、もし彼が生きておれば彼は（その供述を理由に）訴追されていたであろうと考えられる、このような場合にその供述はすべて証拠として許容されるという。これは広汎かつ一般的な主張である。このような主張は支持できない。通常生ずる事例によって、この主張を検討してみよう。例えば、Aが謀殺罪で訴追された。B（故人）が生存中に謀殺現場にいた旨の供述をしていたとせよ。このような供述はB自身の利益に反するもので、もしBが生きておればBは（その供述を理由に）訴追されていたであろう。……しかし、このような供述を証拠として許容することはできない。また、例えば、サセックス公爵Fが王室婚姻法に違反して結婚した廉で裁判にかけられたとせよ。牧師Gの供述はFに不利な証拠として許容できると主張することは可能であろうか。甲側代理人の主張が支持できないことを示すには、これらの事例を挙げるだけで十分である。人の供述は、それが何らかの点で供述をした当事者の利益に反するものである場合、あらゆる状況下に証拠として許容されるというのは真実でない。さらに、本件はこのような事案でない。Gの供述は彼自身の子息に対するもので、その供述をすることによってGは訴追されていたであろう、あるいは訴追されるであろうと信じてGがその供述をしたというのは考えられない。それ故、Gの供述を証拠として認める何らの理由もないということになる。」

一八〇八年のハイアム対リッジウェイ判決が本件争点に関する法を宣明している。同判決を検討すればますます明確に二つの結論に至らざるを得ない。まず第一に、同判決で証拠が許容されたのは、供述内容が供述をした当事者の特別な知識に属するものであったからではなく、それが特定の性質を有する利益すなわち金銭上の利益に反してなされた供述であったからであることを理解しておかなければならない。もう一つの結論は、このような証拠の性質を考えると、同判決で明らかにされた法則を適切に限定することなく、そこで設定された限界を越えて拡大することに対しとくに注意すべきである。人がその廉で訴追されるおそれのある重罪を自白したとせよ、彼が死亡するや否や、彼の述べたことはすべて、他の者に対するあらゆる訴え、あらゆる訴追において、証拠として採用すべきであるというのはきわめて奇怪な主張で支持できない。今日理解されるところの法は、故人の供述で証拠として許容されるのは、供述内容が供述をした当事者の特別な知識に属するもので、かつ供述をした当事者の金銭上ないし財産上の利益（pecuniary or proprietary interest）に反しなされた供述のみである。（at 1044-1045.）

【3】 ブラウン刑事免責合憲判決（一八九六年三月二三日）

本判決（Brown v. Walker, 161 U.S. 591）は自己負罪拒否特権の沿革に触れた上で刑事免責制度の合憲性を肯定したもので先例として欠かせない。

何人も自己を罪に陥れる義務はない（Nemo tenetur seipsum accusare）という格言は、ヨーロッパ大陸やイギリスで古くから存在していた糺問的かつ不当な方法で尋問する当時の慣行への抗議に起源を有する。被告人の自白は任意で自由にされたとき、それは負罪的証拠の中で高い地位を占めているが、証人が捜査中の犯罪とのかかわりの説明を求められておどおど（timid）したりためらったりすると威圧してコーナーに追い込み虚偽の決定的な矛盾供述を引き出す誘因が生ずる、証人への質問は、このような糺問的（inquisitorial）性格を有するためその完全な廃止が要求されるに至った。当時の制度の非道性（iniquities）はイギリス領植民地のアメリカ人の心の中に深く刻まれていたので、アメリカの各州は被疑者を取り調べる権利の否定を基本法の一部とした、したがって、イギリスにおいて単なる証拠法則にすぎなかった格言は、この国において憲法上の地位を付与されたのである。われわれの「英国からの」独立のはるか以前から、犯罪で人を告発する際に不利な証言を強制してはならないという法理は自然的正義に基づく最も偉大なものとしてアメリカ法の中に埋め込まれたことに疑問の余地はない。

【4】ブラム不任意自白排除違憲殺人事件判決（一八九七年一二月一三日）

本判決（Bram v. United States, 168 U.S. 532）は、公海上で発生したアメリカ船での殺人事件で逮捕された船員ブラウンが目的地のハリファックス港に着く前に他の船員ブラムが船長を殺害するのを見たと供述したためハリファックス警察による事情聴取後にブラムが自白したためボストンで大陪審起訴され、訴追側証人になることに同意したブラウン証言以外にブラムに不利な決定的な証拠はなかったにもかかわらず有罪とされた事案につき、ブラムの自白は任意でないとした共犯者の自白に関する最も重要な最高裁判決である。

【事　実】　アメリカ船フラー号が木材を積んで一八九六年七月二日にボストンから南アメリカの港へ向けて航行中の公海上で本件殺人事件が発生した。被告人は同船の一等航海士で被害者は同船の船長等だった。同船には船長チャールズ・ナッシュ、被告人ブラム、二等航海士ブロンバーグ、一人の司厨員と六人の船員、そのほか船長の妻ローラ・ナッシュと乗客モンクが乗っていた。

同船は七月一三日から七月一四日夜にかけて目的地の港に向けて航行していた。その夜一二時に当直時間が終了した二等航海士は被告人ブラムと交代した。船長、その妻、乗客モンクおよび一等航海士ブラムと二等航海士は全員、船室後方にある別々の部屋にいた……他の船員と司厨員は前方の部屋で寝ていた。

当直が深夜に交代したとき、被告人ブラムは甲板に出た。船員ローヒックとペドロックは見張番で前方に出かけた。ブラウンが舵手となり（took the wheel）ローヒックと交替する二時ころまでそこにいた。二等航海士ブロンバーグは自分の部屋に行き、その他の船員は深夜二時までそれぞれの部署についていた。

夜明けまで船長が寝ていた海図部屋とナッシュ夫人が寝ていた部屋に通じるドアを開けたまま自分の部屋にいた乗客モンクは、午前二時ころ金切声とごろごろした異様な音（gurgling sound）で目が覚めた。彼はとび起きて船長の部屋に駆け付けると、部屋は引っくり返され船長がその近くに横たわっていた。船長に話しかけたが返事はなかった、手を船長の身体の上に置くと湿気があり濡れていた、そこでナッシュ夫人の部屋に行くと彼女の姿はなくベッド上に黒い汚点があったので何か悪いことが起ったに違いないと思い、甲板上に出かけてブラムを呼び船長が殺害されていると告げた。モンクとブラムの二人は下に降りて主船室に掛けられていたカンテラを降ろし、少し火をともして上に掲げながら船長の部屋を通り抜け乗客（モンク）の部屋まで行った。モンクはそこでシャツとズボンを身に着けた。彼らはそれから甲板に戻り、ブラムはその途中しばらく彼自身の部屋にいた。ブラムとモンクは夜明けまで甲板上で話し合った。そして司厨員を呼び、起ったことを話した。この時まで二等航海士ブロンバーグは呼ばれなかったし、誰も彼の部屋を訪れなかった。その後に船長ナッシュ、彼の妻、およびブロンバーグの全員が死亡しているのが発見された。三人はいずれも斧のような鋭利な道具で殴られ何か所かの傷を負っており、それが頭蓋骨と脳の大部分を貫通していたのが死因だった。二等航海士は足を十字に組みベッドで仰向けに横たわっていた。ナッシュ夫人は彼女の部屋のベッドの後方で、そしてナッシュ船長は先に述べたように彼の部屋で見つかった。

夜明けまたはその頃に乗組員全員が呼び出され船長らの死亡について知らされた。死体は船室から移動され、小型ボートに乗せられた。そのボートはハリファックスへ引かれていった。船室は施錠され、ブラムが鍵を受け取り、そして船はハリファックスに到着するまで施錠されたままだった。

殺人事件発覚の当初、船はどこに向かうべきかに若干ためらいがあった。被告人の提案でフランス領ギアナのカイエンヌに向って一旦出航したが、計画は変更されノバスコシア（カナダ南東部）のハリファックスに向け進路を取り、船は七月二一日そこに到着した。そして同船は合衆国総領事の要求で地元当局によって占有された。

殺人事件の発覚後に指揮を任せられていたブラムは、ブラウンを一等航海士とし、ローヒックを二等航海士とした。船上にいた人やその衣服から血痕や血痕の跡は発見されず、その誰に対しても直接の嫌疑はなかった。

間もなくブラウンに嫌疑が生じたので、船員はブラムの指揮下に彼を捕え手錠（irons）をかけた。火曜日にハリファックスに到着するその前日の日曜日までブラムが船を操縦していた、そしてノバスコシアの陸地が視界に入った直後にブラウンが仲間の船員の何人かに船の右舷前にある船室の窓越しにブラムが船長を殺害するのを見たと話した。ブラウンのこの供述の結果、司厨員に先導された船員がブラムを取り押さえ手錠をかけた、彼は抵抗しなかったが無実を訴えた。ブラムとブラウンの二人は手錠をかけられたままハリファックスまで連行された。

船がハリファックスに到着したとき被告人（ブラム）とブラウンは、同地の警察署長によって身柄を拘束された、身柄拘束中に被告人は刑事の私室に移され取り調べられた。このような出来事の後で航海士と乗組員は全員、アメリカ総領事の面前で取り調べられ、それぞれ詳細な供述をした、その供述は書面に記載され、彼らはそれに宣誓した。彼らはその後、アメリカ領事の要請でボストンに移送された、そして被告人はナッシュ船長、ナッシュ夫人、および二等航海士ブロンベルグ殺害の嫌疑で大陪審起訴され、公判で有罪とされた。本件で破棄原因として主張されている誤りは六〇以上あるが、被告人の弁護人によって以下のように、すなわち、(a)公判前の予備審問手続で生じた問題、(b)公判中に生じた問題、(c)新公判の申立てに関連して生じた問題に分類されている。

【判　示】　われわれはまず最初に、提示されている中で最も真剣に検討する必要があると思われる誤りについて吟味する。被告人を取り調べたパウア刑事は、ハリファックスでの彼自身と被告人との会話に関して証言するため訴追側証人として証人台に立った。被告人と同刑事とで当時交わされた会話について、次のような記載が残されている。

政府（訴追側）によって喚問されたハリファックス警察のニコラス・パウア刑事は、今まで三二年間ハリファックスの警察部門とかかわりがあり、最後の一五年間は刑事として働いた、船がハリファックス港に到着した後でブラウンと交わした会話の結果、ハリファックス市役所にある同証人の事務室で被告人ブラムを取り調べた、そのときブラムと同証人以外には誰も立ち会っていなかった。同証人は、いかなる方法でもブラムに対し強迫（threats）はしていないし、いかなる誘引（inducement）も彼に提供されたことはないと証言した。

それから同証人は、あなたは彼に何を言って、そして彼はあなたに何を言ったのですか、と尋ねられた。これに対し被告人の弁護人は異議を唱えた。裁判所がその異議申立てに関して判断を下す前に同証人を反対尋問することが同弁護人に認められた。そして同証人は次のように述べた、すなわち警察官によって彼の事務室に連行されてきた被告人ブラムとの会話が交わされた、その時まで被告人はハリファックス警察に身柄を拘束されており、警察の本部長オサリバンの拘束下にあった、同証人は被告人を取り調べるために彼の事務所に連れてくることを求めた。同事務所で彼は被告人を裸にしてその衣服を吟味したが、彼のポケットまでは吟味しなかった、彼は被告人に検査

(examination) に応ずるべきであると告げ、被告人を捜索した、被告人はその当時身柄を拘束されており証人が彼に命じたことをすべて行った、証人は公的資格で行動する警察官だった、被告人の面前で起こったことはすべて合衆国領事によって吟味された。

証人は裁判所による質問に対し、次のように答えた、すなわち、

Q. あなたは、約束や利益を期待するような方法で彼を誘因することはしなかったと言うのですね?
A. 全くありません。
Q. 提供したことは (held out) ?
A. 全くありません。
Q. 彼が言わなければ不利になる (suffer) ——もっと悪くなるかもしれない——そのような遠回し (suggestion) の方法でも何も言わなかったのですか?
A. はい、そのとおりです。何も言っていません。
Q. あなたが (取調べに) かかわっていた限り、それは全く任意だったのですか?
A. 任意です。本当に。
Q. 彼にあれこれ説得するように働きかけることはなかったのですか?
A. 全くありません、本当に全くありません。

被告人はそれから、ブラムと証人との間でどのような会話が交わされたかの質問に対する異議申立てを、次のような理由で再び始めた、すなわち、

被告人がハリファックス警察署長による身柄拘束下にあった当時、公的資格を有していた証人は警察当局に被告人を彼の私室に連行することを命じた。その警察官は彼を裸にした、被告人は自分は被疑者（prisoner）であり、同証人が命じたすべての命令と指示に従わなければならないと考えていた。このような情況下に弁護人は、身柄拘束中に被告人によってされた供述は法によって定められている（described）自由かつ任意な供述とはいえず、その意味で彼の権利に介入するものであるとして、この点に関する彼の供述は許容できないと主張した。この異議申立ては一旦退けられたが、被告人が上述の理由で異議を申し立てると、この異議申立ては認められた。

同証人は次のように答えた、すなわち、ブラム氏が私の事務所にやって来たとき、私は彼に〃ブラムさん、われわれはこの怖ろしい誠に不思議な事件（this horrible mystery）を解決しようとしています〃と言いました。あなたの立場はかなりまずいものです。私はブラウン氏をこの事務所に呼んでいます、そして彼はあなたが殺人を犯したのを見たという供述をしています。［と言ったところ］〃彼は私を見ることはできない、彼はどこにいたのですか？〃と彼は言いました。私は言いました〃彼は舵手（wheel）だったと言っています。〃〃そうですか、彼はそこから私を見ることはできなかった〃と彼は言いました。そこで私は言いました〃さあ、これを見て下さい。ブラムさん、私はブラウンから聞いたすべての事情から、あなたが船長を殺したことを確信しています。しかし、あのような犯罪をすべてあなた一人ではできないと考えている人もいます。もしあなたに共犯者がいるのであれば、あなたはそのように言うべきです、このような怖ろしい犯罪の責任をあなた一人で負う必要はありません。〃〃そうですか、この船に乗り込んでいる他の多くの人はブラウンが殺人犯人であると考えていると私は思っています。しかし、私はそのことについて何も知りません〃と彼は言いました。彼の返答はごく短いもの（rather short）です。

Q．このことで外に誰かがあなたに何か言いましたか？

A．いいえ、このことに関してこれ以上に言われたことは何もありません。

被疑者が何らかの脅迫や約束の影響下にある場合、その自白は証拠として用いることはできない、その場合に用いられた影響を測ることはできないし、被告人へのその効果を判断することもできない。それ故、少しでもその影響下に引き出されたのであれば、その自白は排除される。一八八六年のボイド判決（Boyd v. United States, 116 U.S. 616）において、自己に不利に証言することを強制されないことを被告人に保障する第五修正の規定と不合理な捜索押収を受けないことを保障する第四修正の規定との密接な関係（the intimate relation）が注目された。そして同判決において、これら修正条項の両者は、憲法上の規定を用いることによって、母国において長年の闘争後に獲得された、人道主義と市民的自由の原理をその全体的な効果において、不朽のものとすることが示されたのである。（at 543-544.）

同一の問題に関して【4】ブラウン判決五九六頁で次のように記述されている、すなわち、何人も自己自身を罪に陥れる義務はない（Nemo teneter seipsum accusare）という格言は、ヨーロッパ大陸の制度や一六八八年のイギリス王朝において古くから存在していた被告発者を糺問的でかつ明らかに不当な方法で尋問するという当時の慣行に対する抗議にその起源を有する。そして恣意的権力の行使を防止するための付加的障壁の建設はイギリスでも珍しいことでなかった。被告人の承認や自白は任意かつ自由にされたとき、それは負罪的証拠の秤の中で常に高い地位を占めていたけれども、証人が捜査中の犯罪とのかかわりを説明することを求められて彼がおどおどしたりためらったりすると威圧してコーナーに追い込み罠にかけて虚偽の決定的な矛盾供述を引き出す誘因が生ずる、彼への質問はこのような糺問的（inquisitorial）性格を有すると考えられた。このことはピューリタンの牧師ユーダル（Udal）など初期の痛ましい公判で有名となった、そしてこのような制度が憎悪され、その完全な廃止が要求されるに至った。この点におけるイギリスの刑事手続きの変化は制定法や裁判所の意見によるものではなく、人民の要求に裁判所が次第に応じたことによる。われわれの［英国からの］独立のはるか前から、犯罪で人を告発するのに自己に不利な証言を強制してはならないという法理は自然法に基づく最も偉大なものとしてその体系の中に埋め込まれたことに疑問はない。（at 541-545.）

本件犯罪は公海上で行われた、殺人発覚後に嫌疑を受けたため逮捕されたブラウンは、船員によって逮捕された。船が陸の見えるハリファックスに近付いたとき、船員の嫌疑はブラムに向けられ彼は船員によって逮捕された。港に近付くとこの二人の被疑者（ブラウンとブラム）はハリファックス警察当局に連行され、そこで合衆国の正式の告発と裁判を判断する権限のある合衆国総領事の行動を待つこととし身柄を拘束された。その判断が下される前に刑事はブラムを刑務所から彼の私室に連行した、そして刑事一人しかいないところで彼は衣服を脱がされた、そして彼が裸にされている間にまたはその後に、自白したとして提出された会話が始まった。刑事は、彼が裸にした被告人に言ったことを次のように繰り返した、すなわち、〝ブラムが私の部屋に入って来たとき私は彼に言いました。ブラムさん、われわれはこのおそろしい不可解な事件を解明しようとしています。あなたの立場は難しい。このオフィスにはブラウンがいた、そして彼はあなたが殺人を犯したのを見たという供述をしている。するとブラムは〝彼は私を見ることができない、彼はどこにいたのですか〟と言った。彼は舵手だったと言っていると私は言いました、すると〝そうですか、あそこから私を見ることはできなかった〟と彼は言ったのです。

とすると、自白であるとして証拠提出された被告人のこの言葉は、ブラムの共同被疑者（co-suspect）が当の犯罪で彼を非難しているという刑事の供述に対する返答として彼によって用いられたものである、この答弁は否定の形をとっているが、自白として提出された、否定の文言ではあるが、それは有罪の含み（implication of guilt）を意味すると考えられるからである。しかし、被告人の立場、そして刑事によって彼にされたコミュニケーションの性質は、刑事への彼の答弁は純粋に任意の精神的行動の結果と考えられうる示唆（any possible implication）を当然に破壊する（overthrow）から任意の自白とはいえない。すなわち真実とのかかわりを考慮して当時の情況をすべて検討すると、この供述は任意であるという主張を覆すだけでなく、それは希望または不安のどちらか又はその両者が彼の精神に作用した結果に違いないということが不可避的にもたらされる。

もう一人の被疑者が彼を当の犯罪で非難しているという供述が被告人に示されたときに置かれたその被告人の立場に立って考えると、もし彼が黙秘を続けるとそれは有罪の承認と考えられるであろう、それ故、裁判で殺人を犯した有罪犯人とされるであろうと彼が考えるのは疑問がない、そして否定することによって彼からの疑惑を除去する希望（hope）があるというそれとは反対の印象もまた当然に生じないであろうとも考えられない。そしてこれが当の自白がなされたとき被告人のような立場の人が置かれたに違いない立場である（the adverse）というのであれば、彼が完全に任意であった情況下に求められた彼の答弁が希望や不安の力によって影響されたものでないと、どうして理論的に（in reason）言うことができるのか？　このように結論することは、原因と結果（cause and effect）の当然の関係を否定することになる。（at 561–563.）

さらに被告人の置かれた状況と刑事によって彼にされたコミュニケーションから生ずる当然の結論を除外して考えると、会話がもたらしたのは、判例（authorities）によって確立しているルールの範囲内で当の自白を不任意とする明らかな脅迫である。さらに刑事によってどのようなことが言われたのか？　〝さて、これを見て下さい、ブラウンさん、私はブラウンから聞いたすべてのことからあなたが船長を殺害したことを確信しています。しかし、あなたは一人であんな犯罪をすることはできないと考える人がいます。あなたに共犯者がいるのであればそう言うべきです。このような怖ろしい犯罪の非難をあなた一人で負うべきではありません〟と言われたというのである。われわれはこの会話を単に抽象的ではなく会話が始まったときの被告人の精神にもたらした効果に照らし考えるべきである。このように検討すると、この会話によって生じた負担（weight）は、犯罪に関する若干の利益（benefit）と供述することから生ずるその処罰（不利益）の示唆を示していると考えられる。

このことは、その文言に先行した言葉（words）――すなわち、ブラウンは自分が殺人を目撃したと供述した、そして刑事は被告人が有罪でかつ共犯者がいると信じていると述べていた――を検討することによって大いに強められる。それ故、事実上、被告人に共犯者を明らかにすることを求めることによって、そうでなければ――明らかにしなければ――確実に科せられる犯罪に対する処罰を減軽されるであろうことを被告人に理解させようとしていることになる。われわれは本件において、被告人への影響力は行使されたのであり、自白は任意であったかどうかに関する疑いは被告人に有利に判断されなければならないと認めるので、記録によって明らかにされた本件情況下に自白を許容した公判裁判所は誤りを犯したという結論を回避できない。（at 564-565.）

【5】ブルートン判決反対意見（ホワイト裁判官）（一九六八年五月二〇日）

本判決（Bruton v. United States, 391 U.S. 123）は、被告人との共同犯行を認める共犯者の自白を併合審理においていわゆる限定説示の下に自白者本人に対してのみ不利益な証拠として許容された事案につき、陪審は被告人の有罪または無罪を認定する際に事実上この共犯者の自白に注目するおそれがあることを理由に、第六修正の証人対面権を侵害するとした。これに対しホワイト裁判官は、次のような反対意見を明らかにした。すなわち、多数意見は限定説示が正当化される多くの事例のあることを認めるが、本件の場合に陪審は限定説示に従うことができないと考えなければならないから被告人が不利益を受ける危険性が大きいという。しかし共同被告人の自白と被告人自身の自白とを区別して、陪審はそのように説示されれば前者を無視することができるという考えには十分な根拠がある。われわれは本件で、共同被告人自身に対してのみ不利益な証拠として許容できる共同被告人の自白と被告人の有罪または無罪を決定する際にはそれを無視せよという明確な説示を問題にしている。このような自白はその証拠価値において被告人自身の自白と比較することはできない。被告人に関し、共同被告人の自白はまったく許容できない。それは伝聞であり、伝聞一般を特徴づけているあらゆる不正確の危険をはらんでいる。さらに、共同被告人は被告人の行為に関するその証言の正確性が自己の行動に関する被告人本人の話よりも疑わしい目撃証人と同じである。しかしそれ以上に、共同被告人の供述は伝統的にとくに疑わしいと見られてきた。「被告人を巻き込み自己自身の罪を免れようとする強い動機があるために、被告人の言動についての共同被告人の供述は、通常の伝聞証拠よりも信用できない。被告人自身の自白は通常の伝聞証拠よりもはるかに信用性があり証拠価値があるのに対し、被告人を巻き込む共同被告人の自白は内在的にはるかに信用できないのである。

被告人自身の自白は、もし強要されたものであれば被告人に不利益に用いることはできないが、しかしそれは、その自白が真実でないからでなくて他の憲法上の価値を保護するためである。陪審がこのような法則を理解し、当該自白を無視せよとの説示に従うことはきわめて困難であろう。それとは異なり、共同被告人の承認（admission）が被告人の有罪を決定する際にその一要素たり得ないのは、それが信用できないからである。このことを陪審に告げることはできるし、そして陪審はこのことを理解できる。

【6】ディカソン・ミランダ合憲判決（一九九九年一二月六日）

合衆国最高裁は一九九九年一二月六日、「合衆国法典一八編三五〇一条を可決し、立法によってミランダ判決を変更しようとした議会の試みは憲法違反であったか否か」を検討するために上告受理の申立てを容れた。両当事者が共同歩調をとったため、合衆国最高裁は、カッセル教授を指名し、控訴審支持の弁論を命ずることとした。同年四月一九日に開かれた口頭弁論では、被告側弁護士のほか、ワックスマン訟務長官、アミカス・キュリエとしてカッセル教授が順次それぞれの見解を述べ、各裁判官からの質問を受けた。

以上の経緯を経て、合衆国最高裁は二〇〇〇年六月二六日、七対二で三五〇一条の違憲性を明示し、ミランダ判決を再確認した。論述の便宜上、適宜サブタイトルを付し、引用判例等を除き、その要旨を分説しておく。なお、法廷意見はレンキスト首席裁判官が執筆し、これにスティヴンズ、オコーナ、ケネディ、スータ、ギンズバーグ、ブライア各裁判官が同調している。

A　結論要旨

われわれは一九六六年のミランダ判決で身柄拘束下の取調べ中にされた被疑者の供述を証拠として許容できるとするには、その前に若干の警告が与えられなければならないと判示した。ミランダ判決二年後、合衆国議会は、要するに、そのような供述の許容性は任意にされたか否かによる旨の三五〇一条を制定した。ミランダ判決は、当裁判所の憲法判断（a constitutional decision）であるので、議会の制定法によって事実上それを変更することはできないと考える。そしてわれわれ自身がミランダを変更することも拒否する（decline to overrule Miranda ourselves）。われわれは、それ故、ミランダ判決および当裁判所でのミランダ関連判例（its progeny）が州および連邦裁判所における身柄拘束下の取調べ中にされた供述の許容性を規制すると考える。

B　自白の許容性の沿革

ミランダ判決以前には、被疑者の自白の許容性は任意性の有無という判断基準に従って判断された。この判断基準のルーツは、コモンローで発展した。そして英国の裁判所、次いで合衆国の裁判所は、強制による自白は内在的に信用できないことを認めた。われわれの判例は時を経て、任意にされた自白は証拠として許容できるという要件に対するその憲法上の根拠を認めるようになった。すなわち、第五修正の自己負罪拒否の権利と第一四修正のデュー・プロセス条項である。例えば、一八九七年のブラム判決（任意性の判断基準は、何人も刑事事件において自己に不利な証人となることを強制されないことを命じている第五修正のこの部分（that portion）によって規制されていると指摘する）を見よ。

このデュー・プロセスの判断基準は、〝被疑者の性格および取調べの詳細を含む自白を取り巻くすべての事情の全体〟を検討する。〝自白に付随するすべての事情が検討されなければならない〟というのである。その判断は〝被疑者の性格および取調べの詳細を含む自白を取り巻くすべての事情の全体〟を検討する。その判断は〝そのような全体の事情の強制力と自白者の抵抗力との比較衡量による。〟われわれは、このデュー・プロセスの法理（due process jurisprudence）を放棄したことは一切ない。それ故、不任意に獲得された自白は依然として排除されることになる。しかし、マロイ（Malloy v. Hogan, 378 U.S.1）、ミランダの両判決は、被疑者の負罪的供述の任意性を判断する際に焦点となる調査方法を大きく変えた。マロイ判決でわれわれは、第五修正の自己負罪条項は第一四修正のデュー・プロセス条項の中に組み込まれている、それ故、州に適用されると判示し、マロイ判決に続いて、ミランダ判決を言い渡したのである。

C　ミランダ判決の意味内容

「われわれはミランダ判決で、近代的な警察での身柄拘束中の取調べの到来とともに、強制的に獲得された自白への関心が高まったことを指摘した。警察での身柄拘束中の取調べは、その性質上、個人を孤立させ、強制することになるので、〝たとえ拷問などを用いることがなくても、身柄拘束中の取調べという事実それ自体が個人の自由への重い足かせとなり、個人の弱点につけ込むことになる〟と指摘した。

D　三五〇一条

連邦議会はミランダ判決二年後に三五〇一条を制定した。その関連部分は次のように規定する。それは要するに、任意性の有無を自白の許容性の試金石とし、ミランダ警告の欠如は決定的要因でないことを明示しているのであるから、「われわれは議会はそれを制定することによってミランダ判決を変更しようとした」との控訴裁判所の見解に同意する。

E　ミランダ判決の憲法上の地位

ミランダ関連判例の中に控訴裁判所の見解を裏付ける文言のあることは認められるが、その結論には同意できない。「他の側面――ミランダ判決は憲法判断（a constitutional decision）である――に関する要素の中で最も重要なこと（first and foremost of the factors）は、ミランダ判決とその争点類似事件の二判決はともに、州裁判所――すなわち、アリゾナ、カリフォルニア、ニューヨークの各州裁判所――での手続きにミランダ法則を適用したということである。そのとき以来、われわれは一貫して、ミランダ法則を州裁判所で生じた訴追に適用している。州裁判所での手続きに関するわれわれの権限は、〝合衆国憲法の命令を実施することに限定されている〟。」なお、ミランダ判決の憲法上の根拠（Miranda's constitutional basis）に関するわれわれの結論は、ミランダ違反の主張を人身保護令状手続きにおいて連邦裁判所に提起することをわれわれが確定囚（prisoners）に認めてきたという事実によってさらに補強される。人身保護手続きは、〝ある人が合衆国の憲法または法律、または条約に違反して身柄を拘束されている〟という主張に対してのみ利用できる。ミランダ法則は、連邦の法律または条約に基づいたものでないのは明白であるから、ミランダ違反の主張に対する人身保護令状の審査を認めるわれわれの判例は、ミランダ判決にも憲法上の起源（of constitutional origin）のあることを明らかに前提としている。

ミランダの法廷意見それ自体、まず最初に〝自己負罪拒否特権を適用する際の若干の問題点をいま少し解明し、そして法の執行機関および裁判所に順守すべき具体的な憲法上の指針を示すために上告受理の申立てを容れたと述べている。事実、多数意見には憲法上の法則を宣明しようと考えていたことを示す文言が充満（replete with statements）している。現に、当裁判所の最終的結論は、ミランダ判決において当裁判所の面前で（審理された）四事件において獲得された警告を欠く自白は〝特権保護のための憲法上の基準に合致しない状況下で被告人から獲得された〟ということであった。なお、その他の判例の多くも、ミランダ判決の憲法上の基盤（Miranda's constitutional underpinnings）に言及している。

ミランダ判決で当裁判所は、伝統的な全体の事情のテストに依拠すれば、身柄拘束中の不任意自白を看過する危険があり、自白が有罪を立証するための積極的証拠として提出（offered in the case in chief to prove guilty）されると、この危険は受け入れ難いほど大きくなると指摘し、そして全体のテスト以上の何かが必要であると結論したのである。上述のように、三五〇一条は全体のテストを十分なものとして復帰させている。三五〇一条は、それ故、ミランダが法である限り維持できない。

F　先例拘束性の原理

ミランダの理由付けおよびその結果としての法則に同意するか否かにかかわらず、もし第一審としてこの争点に言及するとすれば、今では先例拘束性の原理がミランダ判決を変更することに大きく立ちはだかっている。例えば、一九八〇年のイニス判決でのバーガ補足意見――〝ミランダの意味は合理的に明らかとなり、法執行の実務はその枠組に順応した。わたくしは今さらこの時点で、ミランダを非難する気もなければ、それを拡大する気もない〟――を見よ。とりわけわれわれが憲法を解釈するとき、先例拘束性は絶対的な命令ではないが、「憲法事案においても、この原理はきわめて説得的なので、先例からの離脱をするには特段の正当化理由（special justification）による裏付けを必要としてきた。」ミランダ判決を変更するこのような正当化理由があるとは思われない。ミランダ警告がわが国の文化の一部となったといえる程までにミランダ判決は日常の警察実務に溶け込んでいる。われわれは、その後の判例が先例の原理上の基盤（doctrinal underpinnings）を侵害してしまったとき、先例を変更してきたが、そのようなことがミランダ判決に生じているとは思われないのである。仮に多少あるとしても、ミランダ判決以降の判例は、警告なしの供述は訴追側主張の積極的証拠（evidence in the prosecutions case in chief）として用いることはできないというミランダ判決の核たる部分（the decision's core ruling）を再確認しつつ、ミランダ判決の法執行へのインパクトを減少してきたのである。

G　結論

われわれは、議会が立法によって廃棄できない憲法上の法則をミランダ判決は表明したと結論する。先例拘束性の法則に従い、われわれがミランダ判決を変更することには応じられない（we decline to overrule Miranda ourselves）。したがって、控訴裁判所の判決（judgment）を破棄する。

【7】クロフォードＤＶ被害者供述許容違憲判決（二〇〇四年三月八日）

合衆国最高裁は、二〇〇四年のクロフォード判決（Crawford v. Washington, 541 U.S. 36）において次のように判示した、すなわち

自己の告発者と対面する権利はローマ時代に遡る概念である。しかし、この概念に関する建国世代の直接的な源はコモンローだった。イギリスのコモンローは、証人が刑事裁判で証言する方法に関し大陸法（continental civil law）とは異なっていた。コモンローの伝統は相手方の吟味（adversarial testing）にさらされる法廷での生の証言のそれであった。一方、大陸法は司法官（judicial officers）による非公開の尋問記録を容認する（condones examination in private）。それにもかかわらずイギリスは大陸法のやり方の要素を時に採用した。治安判事その他の官吏が被疑者（suspects）や証人を公判前に尋問した。これらの尋問記録は時には生の証言の代わりに法廷で読み上げられた。

大陸法の尋問記録に関する最も悪名高い著名な例は一六世紀および一七世紀の大きな政治裁判で生じた。そのような一つの例は大逆罪に対するサー・ウォルター・ローリの一六〇三年の裁判だった。ローリの共犯者と称するコバム伯は枢密院での尋問および一通の手紙で彼を巻き込んでいた。これらがローリの裁判で陪審に読み上げられ

た。ローリは、コバムが〝自己自身を救うために嘘をついている、コバムは王の慈悲による完全な赦免を求めている、すなわち私を赦すことは彼の役に立たない、私を非難することによって彼は恩恵を期待している〟と主張した。コバムが（前言を）取り消すことを疑っていたローリは、〝コモンローの立証は証人および陪審によるものである、コバムをここに呼びつけ、彼にそのことを語らせよ、私の面前に非難者を召喚せよ〟と主張した。裁判官たちはこれを拒否し、そして〝スペイン式糺問手続によって〟裁判にかけられているとのローリの抗議にもかかわらず、陪審は有罪と認定し、そしてローリは死刑を宣告されたのである。

そして一九九九年のリリー共犯者自白許容違憲判決（Lily v. Virginia, 527 U.S. 116）において、本件のように検察側が〝刑事被告人を罪に陥れる共犯者の自白〟を提出しようとする事案を含む、この類型の供述を伝聞法則の例外の下で許容するという実務（practice）は——そのような実務が若干の法域で存在しているという限りにおいて——第一類型や第二類型と異なり、ごく最近の収穫（vintage）であるとしたうえで、つぎのように判示した、すなわち、極めて重要なことだが、この第三の伝聞類型は内在的に信用できない供述を含んでいる。ウィグモアは自己自身と被告人とを巻き込むいわゆる共犯者の自白とを明確に区別し、共犯者は〝自白をして相棒を裏切ること〟にしばしば相当の利益を有するのであるから、共犯者の自白は刑事上の利益に反する供述の伝聞例外の範囲外のものであることを明らかにしている。5 Wigmore, Evidence §1477, at 358 n.l.

われわれの判例が一貫して、刑事被告人に責任を転嫁ないし分担させる共犯者の供述を〝極めて信用性があるため、当事者の吟味によってもその供述の信用性にほとんど何も付加しない、そのような伝聞例外〟の範囲外のものと考えてきたのは明らかである。われわれが本日明らかにする決定的事実は、刑事被告人を非難する共犯者の自白（accomplices' confessions）は、われわれの対面条項に関する判例において定義されてきた深く根を下ろした伝聞例外に該当しないということである。

第六章　言論出版の自由

一　概　要

合衆国憲法第一修正は、「連邦議会は、国教を樹立し、または宗教上の行為を自由に行なうことを禁止する法律、言論または出版の自由を制限する法律、ならびに人民が平穏に集会する権利、および苦情の処理を求めて政府に対し請願する権利を侵害する法律を制定してはならない。」と規定する。これに対し日本国憲法第一九条は、「思想及び良心の自由は、これを侵してはならない。」とし、第二〇条は「①信教の自由は、何人に対してもこれを保障する。いかなる宗教団体も、国から特権を受け、又は政治上の権力を行使してはならない。②何人も、宗教上の行為、祝典、儀式又は行事に参加することを強制されない。③国及びその機関は、宗教教育その他いかなる宗教的活動もしてはならない。」とする。そして同二一条は、「①集会、結社及び言論、出版その他一切の表現の自由は、これを保障する。」「②検閲は、これをしてはならない。通信の秘密は、これを侵してはならない。」と規定している。さらに憲法第一三条は、「すべての国民は、個人として尊重される。生命、自由および幸福追求に対する国民の権利については、公共の福祉に反しない限り、立法その他の国政の上で、最大の尊重を必要とする。」と規定している。

このように日米両国憲法は言論・出版等の自由に関し類似規定を共有しているが、憲法第一三条の「生命、自由および幸福追求」権は一七七六年のアメリカ独立宣言の中に同一規定がある。このことはわが国で余り知られていない。

比較的最近刊行された奥平康弘『「表現の自由」を求めて――アメリカにおける権利獲得の軌跡』（岩波書店、一九九九年）は、ほぼ二世紀半にわたるアメリカの「表現の自由」をめぐる歴史を一書にまとめたものであり著者の自負するとおり「この種の試みは日本ではなされたことがないばかりではなく、アメリカでも一冊で歴史の通覧をする類書はない」（三四五頁）だろう。そこで筆者はその「判例一覧」に掲記されている合衆国最高裁判例に直接当りその大半の判例を本書で収録することとした。同書は総じて有益だったが、事実関係を含めてあくまでも判決文に即してアメリカ判例法の動向を解明しようとする筆者の問題意識とはやや異なるため引用判例の理解についても多少のずれのあることは否めない。引用判例の一部につきそのずれの原因と思われる点につきやや具体的に指摘したのはそのためである。

以下、一部重複するが、〝サムの息子法〟にもかかわる言論出版の自由に関する主要な関連判例をやや詳しく検討しておく。

二　主要関連判例の検討

【1】シェンク徴兵法反対文書配布合憲判決（一九一九年三月三日）

本判決（Schenck v. United States, 249 U.S. 47）は、社会党本部への捜索令状に基づいて押収された書類に徴兵法に反対する旨の文言が記載されていたため同本部の責任者であった社会党書記長シェンクが右書類の作成・配布等で一九一七年スパイ禁止法（Espionage Act）違反に問われ大陪審により起訴された事案につき、〃明白にして現在の危険〃の有無が第一修正の言論出版の自由の判断基準であるとしたうえで同法の合憲性を肯定したものである。

【事　実】　大陪審起訴は二訴因から成る。第一訴因は、合衆国がドイツ帝国と戦争状態にあったときに合衆国の陸海軍において不服従を説くことにより合衆国の徴兵業務を妨害することを共謀し、すなわち被告人らは一九一七年五月一八日法の下で軍務につくことを受け入れていた者に先に述べた文書を印刷・配布することを共謀し、一九一七年六月一五日のスパイ禁止法（Espionage Act）に違反したとして告発している。第二訴因は、合衆国に対する犯罪を犯すことを共謀し、すなわち一九一七年六月一五日法によって郵送できないとされているもの、すなわち同一の顕示行為の立証（averment of the same overt act）に役立つ上記引用の書類を配布することを共謀し郵便を用いたとして告発している。第三訴因は、上記と同一のものを配布するために違法に郵便を使用したとして告発している。そして被告人らはすべての訴因について有罪と認定された。

これに対し合衆国最高裁は、言論または出版の自由を削減（abridging）するいかなる法律も明白にして現在の危険のない限り合衆国憲法第一修正等に違反するとしたうえで原判決を維持した。

【判　示】　問題となったリーフレットの裏面には〃君たちの権利を主張せよ〃とのタイトルの下に〃君たちが君たちの権利を行使しなければ合衆国のすべての市民の厳粛な義務を否定し軽視することになろう〃と書かれている。被告人はこの点に関して陪審が彼らに不利に認定するかもしれないことを否定しない、しかしたとえそれがリーフレット回付の特徴（tendency）であるとしても、憲法の第一修正によって保護されていると主張する。

われわれは、多くの場所および時において被告人らがリーフレットのちらしで述べたことは通常すべて彼らの憲法上の権利であることを認める。しかし、いかなる行為の性格もそれがなされる状況いかんによる。最も厳格な言論の自由の保護であっても劇場の中で火事だと虚偽の叫び声をあげてパニックを起こさせるような者を保護しないであろう。いかなる事案においても問題は、用いられた言葉は議会がそれを阻止する権利を有する実質的害悪をもたらす明白にして現在の危険を生じるであろうそのような状況下のものであり、かつそのような性質のものであるかどうかである。それは近接性と程度の問題である。一九一七年法第四条は、現実の妨害と同様、妨害するコンスピラシーについても処罰する。成功（目的達成）だけが同法により犯罪とされているという根拠を認めることはできない。（at 524.）

【2】 ギトロウ現代版〝共産党宣言〟合憲判決（一九二五年六月八日）

本判決（Gitlow v. People of New York, 268 U.S. 652）は、一九一七年一一月九日のロシア革命まもない一九一九年六月にニューヨーク市で組織された社会主義左派全国集会において指導者として選出されたギトロウが一八四八年〝共産党宣言〟現代版マニフェストを刊行したため暴力による政府の転覆を禁止するニューヨーク州刑事サンディカリズム法に違反するとして起訴された事案につき、第一修正の保障する言論・出版の自由は第一四修正のデュー・プロセス条項を介して州に適用されることを初めて明示したうえで同法の合憲性を肯定したものである。

【判　示】　マニフェストは、弁護人によって主張されているように、抽象的な教義を述べたものでもなければ経済制度の中での不可避的な展開過程において産業不安や革命的な大衆のストライキが自然に生ずることの予言にすぎないものでもない。それは激しい言葉で産業不安を徐々に促進し政治的な大衆のストライキを革命的な大衆行動に移行させ議会政治を転覆し破壊する大衆行動を唱導し強く促している。それ故、マニフェストは結論として次のような言葉で行動を呼びかけている、すなわち〝プロレタリア革命と共産主義者による社会の再構築は今や不可避である……共産主義インターナショナルは全世界のプロレタリアに最後の闘いを呼びかける〟というのである。

これは哲学的抽象的表現や出来事の単なる予言ではない、つまりそれはまさに直接的に煽動する言葉（language of direct incitement）である。（at 665.）

マニフェストは暴力等によって政府を転覆するという単なる抽象的教義の唱導にとどまらずかかる目的のための行動を唱導したとの認定を陪審が求められたのは明らかである。われわれは、言論・出版の自由は基本的な個人の権利であり第一四修正のデュー・プロセス条項によって州による侵害（impairment）を阻止する〝自由〟に含まれていると考えており、現にそのように考えている。われわれは、しかし、第一四修正は言論の自由に関し州への制約を課していないとは考えない。（at 666.）

憲法によって保障されている言論・出版の自由は、どのようなことを選択するにせよ責任を伴わない絶対的な権利を付与しているのでないということは古くから確立している基本的原理である。

言論・出版の自由は州に不可欠な自己保存の権利を州から奪っていない。ニューヨーク州は、暴力等による政府転覆を唱導する発言は一般の福祉にとって極めて有害で実質的な害をもたらすものと考えそのポリス・パワーの権限を行使してこの法律を施行することによりそのような発言を犯罪とすることを決定した。この判断は重視されなければならない。一定の発言の当面の危険への効果を正確に量ることはできない。州はそのような発言から生ずる危険を宝石商の秤のようにそのバランスを正確に測ることを要求されない。ただ一発の革命的な火花であっても火事となり時には燃え上がることもありうる。公共の安全と平和を保護するのに必要な方策に関する権限を行使した州は、その火花が燃え上がるその時まで待たずにそれを消そうとしたことについて恣意的または不合理に行動したということはできない。その懸念された危険が確実に現実のものとなるまで州は待たなければならないというのであれば、自己自身を保護する州の権限は政府の崩壊と同時に存在するにすぎないものとなり、その時には法を執行する検察官も裁判所もいないことになるであろう。

〝いかなる事案においても問題は、用いられた言葉は実質的な害悪をもたらす明白にして現在の危険を生じるそのような性質のものであるか〟【1】シェンク判決五一頁という一般的な記述はこのような事案においてのみ適用されるのは明らかであり、州議会自体が事前に特定された性格の発言から生じる実質的害悪を生ずる危険を判断した本件の事案には適用されない。(at 669–671.)

【3】ゴビティス国旗敬礼強制合憲判決（一九四〇年六月三日）

本判決（Minersville School Dist. V. Gobitis, 310 U.S. 586）は、いわゆるエホバの証人として知られるゴビティス家の一二歳と一〇歳の兄弟が学校の行事に参加する際に国旗への敬礼を拒否したため放逐された事案につき、八対一で第一四修正に違反しないとしたものである。ストーン裁判官の詳細な反対意見が付されているのが注目される。【4】バーネット判決で事実上この反対意見が採用されて後に正面から廃棄されたが本判決の詳細な検討は欠かせない。

【事　実】　一二歳のリリアン・ゴビティスと彼女の弟で一〇歳のウィリアム・ゴビティスは毎日の学校行事の一部としての国旗敬礼（salute the national flag）を拒否したとしてペンシルヴァニア州M地区の公立学校から放逐された。ゴビティス一家はエホバの証人（Jehovah's Witnesses）と密接な関係があった。彼らにとってバイブル（Bibles）は神の言葉であり至高の権威である。子供たちは旗に対するそのような敬礼は聖書（scripture）の命令によって禁止されていると良心的に信じるよう教育されてきた。ゴビティスの子供はペンシルヴァニア州の義務教育年齢に達しており無料教育を拒否されたため彼らの両親は彼らを私立学校に行かせざるを得なくなった。そこで父親は金銭上の負担を軽減するため本件訴訟を起こし、当局にM地区の学校に子供を通わせる条件として国旗敬礼儀式への参加義務を免除するよう求めた。M裁判官は訴訟の初期段階で救済を認め、その判決（decree）は巡回区裁判所によって維持された。これに対し最高裁は上告受理の申立てを容れ、良心的な宗教上の理由に基づいて敬礼を拒否している子供に対してこのような儀式への参加を強要することが第一四修正によって保障されている法のデュー・プロセスを侵害するかを判断しなければならないとしたうえで八対一で原判決を破棄した。

【判　示】　排他的で広範囲な信仰としての特定のドグマを認めるかをめぐる長年の争いの結果、信教の自由の保障が権利の章典の中に挿入されるに至った。国家宗教の設立を禁止することにより、かつすべての宗派（sect）にその信仰の自由な行使を保障することにより、このような激しい宗教上の争いの繰り返しを防止しようとした。この貴重な権利の受容は広く行き渡っているので、それが問題となるのは、本件におけるように個々人の良心が社会の必要物と衝突するときに限られる。宇宙の究極的な不可思議に関する各人の確信とそれと人との関係を積極的に追及するのは確かに法の領域を越えている。（Certainly the affirmative pursuit of one's convictions about the ultimate mystery of the universe and man's relation to it is placed beyond the reach of law.）（at 593.）

しかし、人間関係の多様な性格からして彼の宗教的義務の観念が仲間の人間の世俗な利害と衝突することはありうる。しかし、われわれは人の良心を守る際に極めて微妙かつ重要な権利を取り扱っているのであるから、宗教上の信仰の主張に対しできる限りの余裕が与えられなければならない。他者の大事にする信念にどれほど反しているとしても、かつどれほど不愉快なものであるとしても、宗教的信念の自由の権利はそれ自体絶対者（absolute）の否定である。しかし良心に従う自由それ自体は社会生活において制約がないことを肯定するのは、歴史の事柄として宗教的寛容の保護の基礎にある原理の多様性そのものを肯定することである。とするとわれわれの仕事は、しばしば裁判所で問題となっているように、一方の権利を他方の権利を妨げることなしに守るためにこの二つの権利を調整することである。

信教の自由の司法による強制（judicial enforcement）の際にわれわれは、歴史的概念に関心を抱いてきた。憲法が保障する信教の自由は、特定の宗派の教義的忠誠に向けられていない一般的な範囲の立法を排除することでなかった。良心的ためらい（conscientious scruples）は長年にわたる宗教的寛容を認める闘争の過程において、宗教的信念の促進や制約を目的としない一般法への服従から個人を解放した。政治的社会の重要な関心事に反する宗教的確信があるというだけでは政治的責任を果たすことから市民を解放しない。この種の調整の必要性は再三再四是認されてきた。多くの事案において政治的権限の行使を維持しつつ信教の自由の基本的尊重（考慮）は守られてきたのである。

しかし、ゴビティスの子供のような学齢期の子供がすべての他の子供に要求されている行為を免除されなければならないかという問題が残されている。旗はわれわれの国家の内部的相違を超越した統一体としてのシンボルである。われわれは繰り返し「旗は国家権力のシンボル」であり自由の紋章（emblem）であると述べてきた。（at 595-596.）

われわれの面前にある事案は、ペンシルヴァニア州議会がマイナーズヴィル地区の子供に旗への敬礼を公式に命じたものと考えなければならない。そして本件でのゴビティス一家のそれのように良心のとがめがある両親の子供にもその例外を認めていない。とするとわれわれが本件で判断すべき正確な問題は、この国の種々の州、何千もの郡や学校は統一的な感情を喚起するための種々の方法の相当性を判断することを禁止されているかどうかである。（at 597.）

教育課程にこれほど広がっている愛国的衝動（patriotic impulse）の中で強制により子供を訓練することの賢明さ（wisdom）をわれわれは独立に判断できない。このような微妙な問題についてそのどちらを選択するかというようなことはわれわれの領域ではない。そのような権限はわれわれに与えられていないし、与えられているとはわれわれも考えない。

民主政治を制限する司法審査は、わが憲法の基本的構成要素である。しかし、立法府は裁判所と同様、大いに尊重される自由の後見人（guardianship）である。政治的変革を誘発するすべての効果的方法の介入から自由である場合、教育を愚かな立法にまかせるのはそれ自体自由におけるひとつの訓練である。（at 599.）

【4】バーネット国旗敬礼強制違憲判決（一九四三年六月一四日）

本判決（West Virginia State Board of Education v. Barnette, 319 U.S. 624）は、【3】ゴビティス判決に応じてウェストヴァージニア州議会が国旗敬礼を義務付ける修正制定法を可決しこれを受けた地区教育委員会が直ちに同法を教育現場で適用した事案につき、被告人側の主張を容れゴビティス判決の変更を明示したものである。

【事　実】　ウェストヴァージニア州議会は一九四二年一月九日、【3】ゴビティス判決を大量に引用し国旗敬礼をパブリック・スクールでの課外活動課程の一部としてすべての教員と生徒に国旗によって示されている国家を尊ぶ敬礼に参加することを命ずる決議文を採択した、そして国旗への敬礼の拒否は同法への不服従とみなされ処分されるとした。この決議文は当初、それが定義した国旗への敬礼を一般に受け入れることを要求していた。しかし、このような敬礼はヒットラーの敬礼と全く同じであるという批判があったためそれを考慮して若干修正されたが、エホバの証人への譲歩はなかった。現在要求されているのは掌を広げて右手を高く挙げたまま上を向き〝私は合衆国の国旗と共和国への忠誠を誓います〟と繰り返されている間、腕をまっすぐに伸ばす敬礼だった。

これに従わなければ不服従として放逐処分を受けて、これに従うまで再入学は制定法によって否定されている。放逐された子供には違法に欠席した非行（delinquent）としての手続きが進められ、彼の両親または保護者は訴追される、そして有罪となれば五〇ドル以下の罰金および三〇日以下の投獄が科せられる。

合衆国市民でウェストヴァージニア市民でもあるバーネットら被上告人は、彼ら自身および類似の状況にある他の者のためにエホバの証人に対するこれらの法および規定の執行停止ないし禁止命令（its injection to restrain enforcement）を求めて合衆国地方裁判所に提訴した。証人たちは、神の法によって科せられた義務は世俗的政府によって施行される法の義務より上位にあると教えている非法人団体に属している、彼らの宗教的信念は出エジプト記（Exodus）第二章の文字通りの解釈を含み、このことを理由に彼らは国旗への敬礼を拒否している。このような信仰の子供たちは学校から放逐され、彼らを犯罪傾向にある少年のために維持されている矯正施設に送ると脅かされ、そしてこのような子供の親は軽罪（delinquency）として訴追すると脅かされている。

教育委員会は、このような法および規則は憲法に違反して信教の自由および言論の自由を奪うものであり連邦憲法第一四修正のデュー・プロセスおよび法の平等保護条項の下で無効であるという主張を退けた。三名の裁判官から成る地方裁判所は原告について執行を停止したため、教育委員会が最高裁に直接上訴した。

合衆国最高裁は、本件は従前の判決の再考を求めているとして詳細な判断を示したうえで【3】ゴビティス判決の変更を明示し、六対三で原判決を維持した。

【判　示】　被上告人によって主張されている自由は彼ら以外の者によって主張されている権利と衝突していない。本件での彼らの行動が平穏で秩序正しいことにも疑問がない。本件での唯一の争いは当局と個人の権利にかかわる。州は、公共教育にアクセスする権限があると主張すると同時に親と子供の両者を処罰することによって参列を強制する権限があると主張する。これに対し後者は、個人の意見および個人の態度に関する自己決定の権利があると主張する。現最高裁首席裁判官が【3】ゴビティス判決での反対意見において述べたように、州には、愛国心ないし祖国愛を鼓舞するのに役立つ市民的自由の保障を含めわれわれの歴史や政府組織について教育を要求することができる。しかし、われわれは本件において、信仰を明らかにすることを生徒に強制する問題を取り扱っている。彼らは国旗敬礼が何を意味するかについて知らされていなかったのではない。本件での問題は、忠誠を喚起するための緩慢で簡単に無視される方法である強制的敬礼と鬨の声（slogan）は憲法に代わりうる近道といえるかである。

誓約と結びついた国旗敬礼は発言（utterance）の一つの形式であることに疑いはない。象徴（symbolism）は原始的だが意見を伝達する効果的な方法である。紋章または旗の使用は心から心への近道である。政党や教会のグループは、旗に従うことで彼らの忠誠を固く結びつけようとする。教会は十字架、祭壇やキリストの磔刑像（crucifix）を介して語る。宗教的シンボルが神学的思想を伝達するのと同様、国家のシンボルは政治の思想を伝達する。これらのシンボルの多くと結びつけられているのが受け入れまたは尊敬の相当な態度、すなわち、敬礼、頭を下げること、ひざまずくことである。人はシンボルからその中に込めた意味を獲得する。

一〇年前にHughes首席裁判官は政府に対する平穏で合法的な反対のシンボルとしての赤旗の掲揚は憲法の言論の自由の保障によって保護されていると判示した。本件事案で現に存在している政府への忠誠のシンボルとして旗を採用するのは州（国家）である、州は個人にその政治的思想の受入れを言葉と身振り（sign）によって示すことを要求する。このような意思伝達方式が強制されたとき、それに対する反対は古くからあり権利の章典の起草者にとって周知のことだった。(13)

(13)　初期キリスト教徒は皇帝の像の前での儀式に参列することを拒否したとして訴追された。市政官（bailiff）の帽子への敬礼を拒否したとして彼の子息の頭にのせられたリンゴを射ることを命じられたウィリアム・テルの話は古いものである。ウィリアム・ベンを含むクエーカー教徒は俗人権威（civil authority）に服従する際に脱帽しなかった（uncover their heads）ことを理由に処刑された。

【3】ゴビティス判決は、国旗敬礼を学校の生徒に一般に課す権限は州にあることを前提とする。当裁判所は宗

教的信仰だけを根拠とした主張を検討して、そのような主張を退けた、国旗論争の根底にある問題は、そのような意見や政治的態度にもかかわりがある儀式がわが憲法の下で政治組織に関与する権限を委ねられている当局によって課せられうるかである。われわれは、本件で提示されたより広範囲の問題に関し、ゴビティス判決で挙げられた根拠について再検討する。

1　国旗敬礼の問題はリンカーンが陥った周知のジレンマの問題でもある、すなわち政府は必然的にその人民の自由のために非常に強くなければならないのか、それとも余りにも弱いためそれ自身の存在を維持できないことになるのかの問題に直面する、そしてその答えは強い方に賛成しなければならないとされたのである。【3】ゴビティス判決五九六頁。

われわれは、これらの問題はそのような考慮から生ずる何らかの圧力ないし制約から自由に検討されうると考える。政府の強さを維持すること自体は一握りの子供を学校から放逐する州の権限をわれわれが肯定することによって大いに正当化できるとリンカーンが考えていたかは疑わしい。そのような過度の単純化は政治的論争に極めて便利とはいえ、裁判所に要求される判断の前提として必要な正確性をしばしば欠くことになる。今日これらの権利を主張するのは強い政府よりも弱い政府を選択することでない。そのようなことは失望と悲惨な結果に至ることを歴史が示している。当局によって統制された画一性よりも個人の精神の自由を強固にする手段に固執するだけのことである。

2　州に適用される第一四修正は、州およびその関係者のすべてから市民を保護するものであり教育委員会も例外でない。しかし少数で地域的権限にすぎないことは憲法への責任感覚を弱めることにはならない。村には暴君(tyrants)も存在するが、法の装いの下で行動する者は誰一人として憲法の及ばないところにいるのではない。

3　ゴビティス判決によると、この問題は裁判所のコントロールする権限が及ばない分野であるという。しかし、権利の章典の目的は若干の問題を政治的論争の移り変わりから切り離し、それらを多数者や官吏の及ばぬところに置き、裁判所によって適用されるべき法的問題として確立することであった。人の生命、自由、および財産への権利、言論の自由、出版の自由、信仰および集会の自由、その他の基本的自由は投票になじまない、それらは選挙の結果に依拠しないのである。「第一四修正と衝突する立法の基準は第一修正の原理とも衝突するから、第一四修正だけにかかわりのあるときの基準よりはるかに明確に限定される。第一修正の特定の禁止がその基準となるときデュー・プロセス条項の曖昧性の大半はなくなる。」しかし、言論と出版、集会および信仰の自由はそのような薄弱な理由に基づいて侵害することはできない。それらは州が合法的に保護できる利益への重大で即時の危険を防止するためにのみ制限されうる。州に直接かかわりがあるのは第一四修正であるけれども、本件を最終的に支配するのはより制限的な第一修正の原理であることに留意することが重要である。

4　最後に、これこそゴビティス判決のまさに核心の問題であるが、ゴビティス判決は国家の安全の基礎にある当局に国家統合という目的を達成するための相当な方法を選択する権利があると論じ、それ故、国家統合に向けたそのような強制的方策は合憲であるという結論に達している。本件におけるわれわれの回答は、このような前提の真実性にかかっている。

公務員が説得によって促進できる目的としての国家統合は問題でない。問題は、わが憲法の下で本件で採用された強制はその達成のための許容できる手段であるかである。

ナショナリズムは比較的最近の現象であるが、他の時代と国ではこの目的は人種的または地域的安全、王朝や政体（regime）の支持、霊魂救済のための特定の計画とかかわりがあるとされていた。統合を達成するための当初の穏健な方法が失敗するとその達成に熱中した人々は次第により厳しい手段に訴えざるを得なくなった。統合へ向けた政府の圧力がより大きくなるにつれて誰の幸福（whose utility）が図られるかに関する争いが激化した。統合を推し進めるために公教育関係者はどの教義と誰の教えを選んで若者に強制できるかをめぐりこれほどわれわれの人民の間で見解が分かれた分野は外にない。このような強制的統合の最終的な幸福が異端者集団としてのキリスト教徒のローマからの追い出し、宗教的王朝統一の手段としての異端審問所（inquisition）、ロシア統一の手段としてのシベリア人の追放、現代での全体主義国家の急速な崩壊から得た人間の教訓である。反対者の強制的排除を始めたこれらの人々は間もなく自らが滅びることになる反対者（exterminating dissenters）であることに気付くのであり強制的な意見の統一は墓地の一致だけを達成できたにすぎない。（at 636-640.）

われわれの第一修正はこのような端緒を回避することによってこのような結末を回避することを意図していたと述べておくのは陳腐だが必要なことと思われる。アメリカの州の概念やその権限の性質や起源に神秘性（mysticism）はない。われわれは被統治者の同意によって政府を樹立した、そして権利の章典はこれらの人々に同意を強制する法的機会を拒否したのである。ここ（アメリカ）での権威は当局による国民の意思ではなく国民の意思によってコントロールされるべきである。

本件問題を難しくしているのは、判決の原理が曖昧であるからでなくかかわりのある国旗がわれわれ自身のものであるからである。それにもかかわらずわれわれは知的精神的に多様な自由に憲法の規定をためらいなしに適用する。われわれが本件で取り扱っているように、それらが他人または州にとって無害であるときその代価は余りにも高すぎることはない。しかし異なった意見への自由は大きな問題でない事柄に限られない。それは一寸した自由の影であろうが、その実質的基準は現在の秩序の中心に触れる事柄に関する相違を述べる権利である。

【5】ジョンソン国旗焼却有罪違憲判決（一九八九年六月二一日）

本判決（Texas v. Johnson, 491 U.S. 397）は、テキサス州ダレスでの一九八四年共和党全国大会でレーガン政権の政策に抗議する政治デモに参加していたジョンソンがダレス市役所前で誰かから手渡されたアメリカ国旗に火を付けて焼却したためテキサス州法違反で起訴され有罪とされ州控訴審もこれを維持したがテキサス州刑事控訴裁判所が第一修正違反を理由にこれを破棄した事案につき、これに全面的に同意し第一修正違反を肯定したものである。

【事　実】　一九八四年にテキサス州ダラスで行われた共和党全国大会で被上告人ジョンソンは共和党運動資金巡業（Republican War Chest Tour）と呼ばれる政治デモに参加した、デモ参加者によって配布された文献および彼らによってなされた説明によると、このデモの目的はレーガン政権およびダラスを根拠地とする若干の会社に抗議することだった。デモ参加者はダラス市を政治的スローガンを叫びながら行進しつつ何度か建物の壁にスプレー式ペンキ塗料を吹きつけるなどした。ジョンソン自身はこのような行為に参加しなかったが、目的とされた建物の一つの外側にあった旗竿からアメリカ国旗を取り出したデモ参加者の一人から国旗を手渡された。デモ行進がダラス市役所の前で終了したときジョンソンはその場で国旗を広げ灯油（kerosene）をかけて火を付けた。国旗が焼却される間、デモ隊は〝われわれはアメリカが嫌いだ〟などの叫び声をあげていた。デモ隊が散会した後、国旗焼却を見ていた一人の証人が旗の残りを集めて彼の裏庭に埋めた。一〇〇名ほどのデモ参加者の中でジョンソンだけが起訴された。彼が起訴された唯一の罪状は、一九八九年テキサス刑事法典第四二・〇九条(a)(3)に違反して崇拝対象物を冒瀆した（desecration of venerated object）ということだった。裁判のあと彼は投獄一年、罰金（fine）二〇〇〇ドルを言い渡され、テキサス州ダラス第五地区控訴裁判所は、これを維持した。テキサス州刑事控訴裁判所は、州はかかる状況下で第一修正に一致してジョンソンを国旗焼却で有罪とすることはできないとしてこれを破棄した。

これに対し合衆国最高裁は、上告受理の主張を容れ五対四で原判決を維持した。なお、法廷意見の執筆はブレナン裁判官である。

【判　示】　ジョンソンは侮辱的な言葉を発したというよりも国旗を焼却したことを理由に国旗冒瀆（flag

desecration）で有罪とされた。このような事実は彼の有罪判決をわれわれが第一修正の下で検討するのをやや複雑にしている。われわれはまず、ジョンソンの国旗焼却が表現的行為（expressive conduct）に該当するかを判断しなければならない。

第一修正は文字通り〝言論〟の縮減だけを禁止しているが、われわれは早くからその保護は話されたまたは書かれた言葉にとどまらないことを是認してきた。特定の行為は第一修正がその役割を果たす（bring the first amendment into picture）に足りる十分な情報伝達的性質を有するかを判断する際にわれわれは、特定のメッセージを伝達する意図が存在していたか、そしてそのメッセージがそれを見た人々によって理解されている可能性が大きいかを要求してきた。それ故、われわれはアメリカのベトナムへの軍事的かかわりに抗議するために黒い喪章をつけた学生の行為の表現的性質を認めるなどした。とりわけ本件事案にかかわりのあるのは国旗とのかかわりで情報伝達的性質を認めた諸判例である。われわれは、国旗にピース・サインを付加した事案でのスペンス判決、国旗への敬礼を拒否した事案での【4】バーネット判決、赤旗掲揚に関する前出ストロンバーグ判決においてすべて第一修正の保護を受けると判示した。旗に関連する諸判例において情報伝達的要素を認めることが困難でなかったのは驚くべきことでない。国旗の目的はまさにわれわれの国のシンボルとして役立たせることである。それは「二〇〇年もの国家の唯一目に見える表現行為（manifestation）」（レンキスト反対意見）である。それ故、われわれは〝国旗敬礼は発言（utterance）の一つの形式である。象徴（symbolism）は原始的だが意思を伝達する効果的な方法である。ある制度、思想、しきたり、個性を象徴するための紋章（emblem）または旗の使用は心から心への近道である〟と指摘したのである。【4】バーネット判決六三二頁。

われわれは、しかし、われわれの国旗に関連してとられたいかなる行動も自動的に表現的であると結論するのではない。そうではなくそのような行為を第一修正の目的に照らして性格付ける際にわれわれは、どのような文脈下で生じたかを考慮してきた。

政府は一般に、表現的行為を制約する際に書かれた言葉や話された言葉を制約する際に有しているそれ以上のフリーハンドを有している。しかし、特定の行為の禁止はできない、それは表現的要素を有しているからである。われわれは、それ故、〝言論〟と〝非言論〟の要素が同一の行為の過程において結びついている場合に非言論の要素を規制する政府の重要な利益は第一修正の自由に関する付随的（incidental）制約を正当化できることを是認してきたけれども、〝政府の利益が自由な表現の抑圧とは無関係である〟事案に限定してきたのである。

A　テキサス州は、平和の侵害を阻止する州の利益がジョンソンの国旗冒涜を正当化すると主張する。しかし、ジョンソンの国旗焼却の理由は平和の不安が実際に生じたとか生じるおそれがあったということによるものではなかった。テキサス州は、市役所に向けて行進中のデモ隊の騒々しい行動を強調しているにもかかわらず、旗の焼却時にまたは旗の焼却に応じて発生した際に平和の侵害はなかったことを認めている。

B　テキサス州はまた、国家と国家統合のシンボルとしての国旗を保護する利益を主張する。われわれは、国旗の特別なシンボル的価値を保護する政府の利益は国旗にピース・サインのシンボルを添付するような〝活動の文脈で表現に直接かかわりがある〟ことを認めた。われわれは同様に、そのような利益はジョンソンの国旗焼却の事件での表現にかかわりがあることを確信する。州がこのような行動に関心があるのは明らかである。しかしこれらの関心は、国旗の取扱いが何らかのメッセージを伝える、それ故、〝自由な表現の抑圧〟にかかわりがあるときに限定される。

国家と国家統合のシンボルとして国旗を保護する州の利益はジョンソンの有罪判決を正当化するかを検討することが残されている。われわれは、ジョンソンは何らかの思想を伝達したことで訴追されたのではなかったことを付け加えておく。彼はこの国の政策を不満とする彼の表現について第一修正の価値の核である表現を理由に訴追されたのである。

ジョンソンの旗の取扱いがテキサス州法に違反するかは、それ故、彼の表現行為に情報伝達的インパクトの可能性があるかにかかっている。第一修正の根底に基本的原理があるとすれば、社会がその考え自体を不快に思っているというだけの理由で政府はその考えの表現を禁止できないということである。

われわれは、われわれの国旗にかかわりがある場合であっても、この原理の例外を認めたことはなかった。われわれは【4】バーネット判決六四二頁を引用しつつ、憲法によって保障されている自由は多様であり、現存秩序の中心に触れる事柄に関する異なる権利を含み、国旗に関するそれぞれの意見を公表する権利を含むと結論した。またわれわれは、政府は国旗に対する敬意を示す行為を強制できないと判示した。(at 414-415.)

われわれが反対するのは、州の目的でなくそのやり方である。この国の旗には確保すべき特別の場所があるということは否定できない。それ故、政府にはわが国の真のシンボルとして国旗を保護する正当な利益のあることをわれわれは疑っているのではない。しかしながら、政府には国旗の相当な取扱いを勧める利益があるというのは、政治的抗議の手段として国旗を焼却した人を政府は処罰できることを意味しない。問題は、本件で採用されたような強制はその目的を達成するためにわれわれの憲法の下で認められる手段であるかである。

われわれは、実際、われわれのコミュニティにおいて旗が当然に大切にされ保護される場所は本日の判示によって弱められるのではなく強められることを指摘しておきたい。われわれの判断は、国旗がそのことを最もよく示している自由の原理の再確認であり、ジョンソンのような批判を認容するのはわれわれの強さの源となるという確信である。テキサス州が旗の中に反映されていると考え、そしてわれわれが本日再確認しているのは、国の弾力性(resilience)であってその強さではない。そしてわれわれが本日再び断言(reassert)するのはまさにその弾力性である。

国旗の特別な役割を保護する方法は、これらの問題に関し異なって考える人を処罰することによるのではなく、彼らは間違っていることを彼らに説得することである。〃自由にして何者をも恐れない理性に確信を抱いていた勇気ある独立独行の人にとってその懸念された害悪の出来事が極めて差し迫っている場合を除き、言論から生じる明白にして現在の危険はなかった。〃国旗を冒瀆する人を処罰しても国旗を尊ぶ（consecrate）ことにはならない。（at 376-377.）

ジョンソンは表現行為に参加したことで有罪とされた。平和の侵害を阻止する際の州の利益は彼の有罪の根拠にはならない、ジョンソンの行為は平和を妨げようとしていなかったからである。国家と国家統合のシンボルとして国旗を保護する際の州の利益は、政治的発言に参加したことを理由とする彼の刑事上の有罪判決を正当化しない。テキサス州控訴裁判所の判決は、それ故、破棄される。

【6】アイヒマン国旗保護法有罪違憲判決（一九九〇年六月一一日）

本判決（United States v. Eichman, 496 U.S. 310）は、連邦議会が【5】ジョンソン判決を受けて新たに制定した一九八九年国旗保護法に抗議するため国旗を損壊したとして訴追されたアイヒマンらに対しジョンソン判決を適用して第一修正に違反するとしたものである。

【事　実】　第八九-一四三三号事件において合衆国は、政府の国内外政策に抗議する間に国会議事堂の階段で故意に国旗を焼却したとして一九八九年国旗保護法違反で上告人らを訴追した。第八九-一四三四号事件において合衆国は、法案の通過に抗議してシアトルで故意に国旗を焼却したため国旗保護法違反で他の被上告人らを訴追した。両事件において被上告人らは、第一修正違反を理由に国旗焼却に関する起訴の棄却（dismiss）を求めた。ワシントン西部地区合衆国地方裁判所およびコロンビア地区合衆国地方裁判所はいずれも【5】ジョンソン判決に従って、被上告人らに適用された同法は違憲であるとして訴追を棄却した。これに対し合衆国最高裁は、管轄権を認めたうえで両事件を併合して各判決を維持した。なお、ジョンソン判決と同じく法廷意見の執筆はブレナン裁判官である。

【判　示】　われわれは先の開廷期に【5】ジョンソン判決において、政治的デモの間に国旗に火を付けたジョンソンに適用した国旗を含む崇拝物の冒瀆を犯罪とするテキサス州法を違憲と判示した。われわれはまず、ジョンソンの国旗焼却は第一修正にかかわる情報伝達の要素を十分に含んだ〝行為〟であると判示した。われわれは次に、〝政府の利益が自由な表現の制圧と無関係である〟場合に言語と非言語の両者を含む行為の政府による規制を吟味してそれを尊重した基準を適用すべきであるとの州の主張を退けた。そして州の主張する利益はデモ参加者の第一修正の権利に関する侵害を正当化できないと結論したのである。

われわれのジョンソン判決のあとで連邦議会は一九八九年国旗保護法（The Flag Protection Act）を制定した。政府は本件各事案において、上告人らの国旗焼却は表現行為に相当することを認めるが、ジョンソン判決において国旗の焼却は猥せつまたは〝挑発的言葉〟のような表現の一様式であり第一修正の完全な適用を受けないとの主張をわれわれが退けたことの再考を要求している。われわれはこのようにすることを拒否する。唯一残されている問題は、国旗保護法はテキサス州法とは十分に異なっているので上告人の表現行為を禁止するためにそれを適用しても合憲であるかである。（at 315.）

政府の主張によると、国旗保護法は合憲である、ジョンソン判決で言及された制定法とは異なり同法はそのメッセージの中味を根拠にして表現的行為をターゲットにしていない。政府にはあらゆる状況下で国家のかけがえのない（unique and unalloyed）シンボルとして国旗の独自の存在（identity）を保護するために国旗の物理的同一性（integrity）を保護する利益があると主張する。

国旗保護法は禁止された行為の範囲に関し明示の制約を含んでいないけれども、それにもかかわらず政府の主張する〝利益〟は自由な表現の抑圧にかかわりがあり、かつそのような表現の内容に関心があるのは明らかである。個人的に所有された旗の物理的同一性を保護する政府の利益は、国家および国家統合のシンボルとしての国旗の威信（status）を保護する必要性にかかわりがある。

一九八九年国旗保護法はジョンソン判決で問題にされたそれより若干広い文言を明示しているけれども、同法にはなお同一の基本的欠陥がある。同法のやや広い文言にもかかわらず同法の表現への抑圧は〝規定された言論の内容に言及することなしに正当化〟されない。

政府は国家のシンボルを作り上げそれを促進しそれを尊重するよう国民に求めることはできる、しかし一九八九年の国旗保護法は情報伝達的インパクトとなる可能性のあることを理由に表現行為を刑法上禁止することによってこの限界を十分に越えている。

われわれは、国旗の冒瀆が多くの人を深く傷つけることを知っている、しかし、同じことは下品な表現等についても言えることである。〝もし第一修正の根底に確固とした原理があるとすれば、単に社会がそのような考え自体を不快と認めているというだけで、政府はそのような考えを禁止できない〟ということである。【5】ジョンソン判決四一四頁。

【7】〝サムの息子法〟違憲判決（一九九一年一二月一〇日）

本判決（Simon & Schuster v. Crime Victims Board, 502 U.S. 105）は、マフィアとして周知のヘンリー・ヒルが自己の想像を絶する犯罪に関する出版物で莫大な収益を得たためニューヨーク州法の〝サムの息子法（Son of Sam law）〟が適用され収益のすべてが被害者への賠償基金として犯罪被害者委員会に供託されたところ出版元のサイモン書店が同法の第一修正違反を主張した事案につき、全員一致で第一修正の言論・出版の自由および第一四修正のデュー・プロセス条項に違反するとしてその主張を容れたものである。

【事　実】　A　ニューヨークは一九七七年の夏、一般にサムの息子として知られる一連の殺人事件で恐怖におびえていた。サムの息子という極悪人はD・ベルコウィッツ（David Berkowitz）と特定され逮捕された頃には彼の犯罪の真相を明らかにすることは相当価値があった。被害者およびその家族は何ら保障されていないのにベルコウィッツの犯行から見込まれる収益のあることをニューヨーク州議会は見逃さず素早く問題の制定法を導入したのである。

同法は、〝そのような環境下に犯罪者によって得られた収益（money）はまず犯罪被害者の損失および苦痛を償う（recompense）ために利用されることを確保することを意図〟していた。同法の提案者が説明したように〝彼の犯罪行為によって五人が死亡し、［かつ］その他の人々が負傷しているのに、一旦逮捕された個人が自己の来歴を語ることで莫大な収益を得るのが期待されるというのは人の正義の感覚および品位に反する。〟

〝後に修正されたサムの息子法は、犯罪を叙述する被告人または有罪者と契約するいかなる実体（any entity）にもその契約書のコピーを犯罪被害者委員会に提出し、かつその契約書の下でのいかなる利得（any income）も同委員会に引き渡すことを要求している。この要求は、いかなるメディアとのコミュニケーションにおけるすべての契約に適用される。すなわち、〝すべての人、会社、法人、その他の法的実体のニューヨーク州での映画、書物、雑誌記事、テープ録音、音声記録、生のものであると否とを問わず、そのような犯罪に関するそのような被告人・有罪者の考え、感情、意見の表明に由来するラジオ又はテレビの描写による契約のコピーをすべて同委員会に提出することを要求し、そのような被告人・有罪者およびその代理人によって得られた収益（money）に適用される〟としている。

犯罪被害者委員会は、〝そのような犯罪被害者の利益および支援にあてるために〟そのような基金を五年間供託（deposit the payment in an escrow account）することが求められる。

一九七七年に制定以降、サムの息子法はごく少数の事件で援用されたにすぎなかった。予想されたように、犯罪被害者委員会がその収益の供託を求めた個人はすべて極めて周知の犯罪を犯したことで知られていた人物に限られていた。これらの人物にはジョン・レノン殺害で有罪とされたM・チャップマン等がいる。皮肉なことにこの制定法はサムの息子自体には適用されなかった。ベルコウィッツは裁判を受ける資格（to stand trial）なしと認定され、同法は当時、実際に有罪とされた犯罪者にのみ適用されていたからである。犯罪被害者委員会によると、ベルコウィッツは一九八一年に出版されたサムの息子という本からの彼の印税を彼の被害者に任意に支払った。

本件は、中立人サイモン書店とマフィアの著名人ヘンリー・ヒルとの契約に同委員会が初めて気付いた一九八六年に始まった。

B　連邦証人保護法が適用され安全になった後でヘンリー・ヒルは、過去を振り返り次のようなことを回想した、〝一二歳の時に俺の野心はマフィア（wiseguy）になることだった、俺にとってマフィアになることは合衆国大統領になるより良いことだった。〟N. Pilleggi, Wiseguy、マフィア・ファミリーでの生活（一九八五）（以下、Wiseguy）。ヒルについて人がどのように考えるにせよ、少なくとも彼は夢を現実のものにしたということはできる。二六年に及ぶキャリアの後でヒルは、アメリカ史上最大の現金強奪事件である一九七八年のルフトハンザ航空からの六百万ドルの強奪を含む彼の大胆不敵な事件のいくつかの陰の工作者（engineer）であったことを認めた。Wiseguy 9. 犯罪の大半はより営利的（banausic）だった、すなわち彼は恐喝をした、そして彼は麻薬を密輸入し販売した、そして彼は多くの強盗団を組織した。

ヒルは一九八〇年に逮捕された。「彼は訴追免除との交換で、以前の仲間の多くに不利な証言をした。彼は仮名でアメリカの不明の所で暮らしている。」

ヒルは一九八一年八月、彼の生涯に関する本を出版することで作家N・ピレッジ（Nicholas Pileggi）と契約書を交わした。ヒルとピレッジは翌月、S書店（Simon & Schuster）との出版契約書に署名した。契約書によると、S書店はヒルとピレッジの両者に支払いをすることに同意していた。その後数年間、ピレッジによると、〝彼とヒルはほとんど毎日、日曜や祭日には抜けたことはあるが、長時間話し合った。われわれは三〇〇時間以上一緒に過ごした、私の取材ノートは直線にして六フィート（six linear file feet）〟に及んだ。本の制作にはそのような膨大な時間と労力を要したことを理由に、ヒルは補償を要求した。

ヒルとピレッジの協力の成果が一九八六年一月に出版されたWiseguyだった。この本は、ヒルの最初の刑務所生活からはじまり、マフィアの存在を毎日毎日、詳細に描写している。ヒルはWiseguyを通じて驚くほど率直に種々の犯罪に関与したことを認めている。彼はとりわけ、恐喝事件での有罪判決と彼の刑務所での服役状況について語っている。その一部においてヒルは、マフィアのメンバーが刑務所でどのようにして特別待遇を受けていたかを語っている。

その部屋（dorm）は壁から隔てられた三階建ての建物の中にあり、刑務所というよりホリデイ・インによく似ていた。一部屋に四人の男がいた、そしてわれわれには快適なベッドと個人用の浴室があった、それはまるでマフィアの館（wiseguy convention）だった。ゴッチイの仲間ら（Gotti crew）がいた。看守はほとんどいつも賄賂を受け取った。酒には不自由しなかった。規則に反するが部屋で料理もできた等の記述にあふれていた。Wiseguy 150–151.マフィアは好意的に描かれていた。

ワシントン・ポストはこの本を〝十分に詳細で全く魅力的な本〟と評した、一方、NYデイリーニュースのコラムニストは〝今までに書かれたアメリカの犯罪に関する最上の本である〟と述べた。この本の発行は商業的にも成功を収めた。出版の一九ヶ月で百万部以上が売れた。その二、三年後にこの本はGoodfellasというタイトルで映画化され、一九九〇年の最高映画として賞を獲得した。

しかし、ヘンリー・ヒルにすれば、この本の成功によってもたらされた評判はそれほど望ましいことではなかった。犯罪被害者委員会がWiseguyの出版から間もない一九八六年一月にこの本の存在を知ったからである。

C　犯罪被害者委員会は一月三一日、S書店に〝犯罪の被告人・有罪者のような人物と収益の支払いにつき契約しているかもしれないことがわれわれの注目を引いた〟と告げた。そして同委員会はS書店に対し、ヒルと交わした契約書のコピーを提出し、同書店が今までにヒルに支払った金額の合計および各日付けの提出を求め、今後のヒルへの支払いをすべて延期することを命じた。S書店はこの命令に応じた。その頃までにS書店は、ヒルの代理人にヒルへの前金及び印税として九六、二五〇ドルを支払っており、かつヒルへの今後の支払いとして二七、九五八ドルを用意していた。

同委員会は、この本と契約書を検討し一九八七年五月二一日に仮の決定および命令を発した。同委員会は、すでに受け取っていた支払金を返還するようヒルに命じ、S書店に対して将来に予定している支払金のすべてを引き渡すよう命じた。

S書店は一九八七年八月、サムの息子法は第一修正に違反するとの宣言（declaration）、および同法の執行禁止命令（injunction）を求めた。両当事者がそれぞれの申立てを主張した後でニューヨーク地裁は、同法を第一修正と一致すると決定し、控訴裁判所は、見解は分かれたが、これを維持した。

これに対し合衆国最高裁は、連邦政府および州の大半は類似の制定法を有しているので類似の問題が再び生じうることを理由に上告受理の申立てを容れ、原判決を全員一致で破棄した。なお、前記事実を含めた法廷意見の執筆はオコーナ裁判官である。

【判示】 A　制定法は、その言論の内容を理由に話し手に金銭上の負担を課すのであれば第一修正に違反すると推定している。内容を理由とした雑誌への加税を無効とした際にわれわれが強調したように〝課税の根拠として出版物の内容を公務員が精査するのは第一修正の出版の自由の保障と全く相容れない。〟Arkansas Writers' Project, Inc. v. Ragland, 481 U.S. 221, 230 (1987).

サムの息子法は、そのような内容を理由とした制定法である。それは表現活動に由来する収益を選り抜き、それ以外の収益には課さない負担を課すものであり、かつそれは特定の内容を有する作品（works）だけに向けられている。第一修正の〝話し手（speaker）〟がヘンリー・ヒルかそれともそのような犯罪者を援助して本を出版するS書店であると考えられるかにかかわらず、この制定法は明らかに特定の内容の言論に関して話す意欲をくじく金銭上の負担を課している（imposes a financial disincentive）。同委員会はサムの息子法と前出Arkansas Writers' Protectで問題となった差別的課税との相違を指摘するが成功していない、サムの息子法は雑誌への一定額の課税ではなく少なくとも五年間にわたり言論に由来するすべての収益の供託を要求するものであるが、このような相違は第一修正の下での異なった取扱いの理由としてほとんど役立たない。

同委員会は次に、差別的な金銭的取扱いは若干の思想の抑圧を議会が意図する時に適用される第一修正の下で疑わしいと主張する。この主張は不正確である。われわれの判例は一貫して〝違法な立法意思は第一修正違反の必要条件（sine qua non）ではない〟と判示している。

同委員会は最後に、第一修正は内容を理由とした金銭上の負担をメディアに禁止しているとしても、サムの息子法は人の言論を伝達する有罪者と契約するいかなる実体（entity）にも一般的負担を課しているのでサムの息子法とは異なると主張する。この主張は、意味的理由と憲法理由の両者に欠陥がある。そのような契約を交わすいかなる〝実体〟も定義によればコミュニケーションのメディアになる。いずれにせよ〝メディア〟の一員としての実体の性格付けはこれらの目的にとって関連がない。言論の内容を理由として金銭上の負担を課すことのない（disincentive）政府の権限は話し手の身許によって異なることはないのである。

B　同委員会は、読者の感情への配慮（solicitude for sensibilities）から犯罪の記述を排除する州の利益を主張する。われわれが度々繰り返してきたように、社会が言論を攻撃的と認めるかもしれないという事実はそれを禁止する理由として十分でない。〝もし第一修正の根底に強固な原理があるのであれば、社会がその考え自体を攻撃的又は不快であると認めているという理由だけで政府は思想の表現を禁止できないということである。〟同委員会は、それ故、ヘンリー・ヒルの犠牲者が彼らの犠牲を再体験することで生ずるそのような怒りがどのようなものであるとしても、それを限定するいかなる利益をも主張していない。

一方、州には、犯罪の被害者に彼らを傷つけた者によって賠償されることを保障する極めて重要な権利のあることにほとんど疑いはない。すべての州にはこの利益に役立つ多数の不法行為法（a body of tort law）がある。州には犯罪者が彼らの犯罪から利益を得ないことを確保する極めて重要な利益がある。ほとんどの州と同様にニューヨークは古くから〝何人も自己自身の不正行為（fraud）によって利益を受けたり自己自身の悪事を利用することを認めない基本的な衡平法上の原理を認めてきた。〟

両当事者は、本の印税を犯罪の収益（profit）と呼ぶのは相当であるかにつき議論しているが、これは本件で言及する必要のない問題である。われわれは、サムの息子法によって基金として供託された収益は犯罪の果実（fruits）を示していることを前提としている。州には彼らの犯罪の収益を犯罪者から奪い、そしてそれらの資金を被害者に賠償するために用いる重要な利益があると結論することだけが必要である。

犯罪被害者委員会は、州の利益をより限定的に定義し、犯罪者は彼らの犠牲者が彼らの負傷に対し有意味な保障の機会を有する前に彼らの犯罪から収益を得ないことを保障しようとする。同委員会は、なぜ州にはそのような犯罪者の物語（story telling）での収益を被害者の賠償に当てることに犯罪者の他の利益から得られる利益より大きな利益のあることを説明できない。同委員会はまた、このような表現的活動と彼らの犠牲者に犯罪者からの犯罪の果実を渡す際にその利益と結びつくそれ以外の活動との区別をする正当化理由を提供することができない。それ故、たとえ州にはこのような方法で犯罪者の財産（assets）を区分することに利益があるとしても、そのような利益は極めて重要であるということにはならない。

われわれは過去において類似の極めて重要な州の利益の主張を退けてきた。州には確かに課税を通して歳入を高める重要な利益はあるが、そのような利益は恣意的な出版の課税を正当化しない、それは出版物と非出版物の区別が全くかかわりのないのと同じであると指摘した、ミネアポリス・スター判決（Minneapolis Star, 460 U.S. 575, at 586（1983））。同様にカリィ判決（Carley v. Brown, 447 U.S. 455, 467-469（1980））においてわれわれは、住居地でのピケを禁止することによってプライヴァシーを保護する州の権限を認めた、しかし州が非労働者によるピケだけを禁止することを認めるのを拒否した。けだし〝内容を理由として労働者と非労働者を区別するのはプライヴァシー保護と何の関連もない〟からである。全く同じことは本件でも真実である。サムの息子法によって引かれた区別は犯罪者からの犯罪の利益を彼らの犠牲者に渡す州の利益とは何の関連もない。

要するに、州には犯罪の果実で犠牲者を賠償することに極めて大きな利益があるが、しかし犯罪に関する犯人の言論のに関する収益をそのような補償に限定してもほとんど利益はない。われわれは、それ故、サムの息子法は後者の目的でなく前者の目的を促進するために限定的に仕立てられているかを判断しなければならない。

C　被害者が犯罪の収益から賠償されることを確保する手段としてサムの息子法は余りにも抱括的（significantly overinclusive）である。委員会側が口頭弁論で認めたように、同法は彼の犯罪に関する本人（author）の考えや記憶を表明したものでありさえすれば、それらがどれほど周縁的または付随的なものであっても、どのような作品

(any works) にも適用される。さらに同法の広範な〝犯罪で有罪とされた人〟という定義のため、本人が実際に被告人 (accused) または有罪とされた人であるかどうかにかかわらず、犯罪を遂行したことを認めた本人でありさえすればその収益を犯罪被害者委員会に基金として供託できる。

これらの二個の規定が結びつくと、実に多くの作品がその対象となりうる。もしサムの息子法が出版の時と所において有効であったとすれば、市民的権利の指導者によって犯された犯罪を記述するマルコムエックス (Malcom X) が有名人となる前の伝記、本人が〝私の過去の不浄 (foulness) や私の精神の肉欲的堕落 (carnal corruption)〟を深く後悔する聖アウグスティン (Saint Augustine) の告白であってもそれに対する支払いは基金として供託されることになる。一六〇三年の疑わしい裁判後に反逆罪で有罪とされたサー・ウォルター・ローリ、一九六三年に不法侵入で逮捕されたジェシィ・ジャクソン (Jesse Jackson)、そして核兵器に反対する座り込みの抗議に参加して八九歳で七日間投獄されたバートランド・ラッセルなども対象とされることになろう。サムの息子法のような制定法ができれば、このような作品のすべてが出版できなくなるという主張は誇張 (hyperbole) にすぎず、これらの作品のいくつかは賠償なしに書かれることになろうが、サムの息子法は、被害者は賠償されないとはいえ犯人は自己の犯罪から利益を得ることができないそのような広範な文献に及ぶのは明らかである。

連邦政府および州の多くは、サムの息子法と類似の目的に役立つことを意図した制定法を導入している。これら制定法の中にはニューヨークのそれと全く異なるものもあり、これら制定法の合憲性を判断する必要はない。われわれは単に、ニューヨーク州はサムの息子法において他の言論や他の収益に対しては課されていない金銭上の負担を課すために特定の問題に関する言論を選り抜いた (has singled out) と結論するだけである。犯罪の果実から被害者を賠償するという州の利益は極めて重要なものである、しかしサムの息子法は、このような目的を推進するために限定的に仕立てられていない。その結果として、この制定法は第一修正と矛盾していることになる。

【ケネディ裁判官の同調意見】　本件で［争われた］問題の言論は、曖昧でも、中傷的でもなく、犯罪的行為に相当するものでも憲法上の権利を損傷するものでもなく、不法行動を誘発するものでも、直ちに害悪をもたらすことを狙ったものでないので、州にはそれを阻止する実質的な権限がある。この制定法を是認すべきであるとの州の主張を退けるには、これ以上の調査は必要でない。

終　章

私は、高田卓爾先生の下で修士課程の学生としてイギリス証拠法の古典『G・ウィリアムズ　有罪の立証』を一字一句ゆるがせにせず完読した際に、共犯者の自白に関連する重要判例の冒頭に多くの先例が番号順に掲記されていたため、悪戦苦闘してその先例をすべて読破して初めて判例法とはこのことかと目から鱗の体験をした。孫引きでなく判例に直接当たることを鉄則とする私の研究スタイルの萌芽が芽生えたと言ってよい。ただアメリカの関連判例は膨大でそのすべてに目を通すのは容易でないが、判例がある程度固まると主要な先例を含めた整理が判決文の中で行われるので、一見複雑きわまる判例法の理解が次第に正確かつ容易になる。私自身が学び取った具体的成果と言ってよい。例えば共犯者の自白に関しては、一八四四年のサセックス公爵位継承事件や一九六八年のブルートン判決でのホワイト裁判官の反対意見を抜きにアメリカ法を語ることはできず、言論出版の自由に関してはサムの息子法に至る一連の判例の理解が前提となる。ところがわが国ではそのような判例法の理解を欠いたまま――アメリカではおよそ通用しない――独自のアメリカ法なるものを参照しつつ日本法の解釈を展開するという方法が昭和二二年の新しい日本国憲法の下でもそのまま維持されている。要するにアメリカ判例法はコモンローに由来する膨大な判例群からなり、今なお発展し続けているのに対し、わが国の学説・判例は昭和二二年(一九四七年)の段階で思考が完全に停止しているところに問題の根源がある。

共犯者の自白に関しては一九四七年制定のわが法の解釈運用に資するためアメリカ法の動向が逐一紹介されてき

た。しかし前述のようにわが国の明治時代にまで遡るアメリカ法はコモンローに由来する実に膨大な判例群からなるためその把握は至難である。例えば、アメリカでは先に詳論したように一九世紀末の判例で被告人を巻き込むいわゆる共犯者の自白は自白者本人以外の者に不利な証拠として利用できないことが確立しているにもかかわらず、管見した限り、わが国の研究論文でそのことに言及する者は皆無である。無知の極みと言うべきだろう。

ところで平野龍一さんは共犯者の自白には必ずしも補強証拠を必要としないとの自説を松川事件等でも繰り返していたため集中砲火を浴びたのはよく知られている。しかし平野さんは「その評価は極めて慎重でなければならない。通常は、被告人が犯人であることについて共犯者の自白を裏付ける他の証拠がない限り、その認定は、自由心証主義に反する不合理なものといわなければならない。ただ、常に形式的に補強証拠が必要だというのみではないというにとどまる」とした上で、共犯者の供述録取書に関するわが国の実務の取扱いでは「被告人の反対尋問権は全く保証されない。したがって供述をした被告人の有罪を確定させ、その後に証人として喚問する外はない」とする。この見解――イギリスにおける実務慣行に酷似する――は、共犯者の自白と被告人本人の自白とを峻別しつつ、被告人の憲法上の反対尋問権の保障を強調する点において、証人対審権の観点から共犯者の公判廷外供述の許容性の範囲を限定するアメリカ法の問題意識と軌を一にしているとの『共犯者の自白』(一九九〇年)証拠法研究第一巻)での指摘につき、「かつての論争を乗り越えて建設的にアメリカ法の精密な研究を遂げられ大変結構に存じました」との超辛口のコメントで有名な平野さんからいわば免許皆伝を賜ったことは、一切孫引きはしないとの私の当初からの研究スタイルの正しさを裏付けているとの評価も可能だろう。

法務省特別顧問の松尾浩也さんからはその都度必ず適切かつ含蓄あるコメントを頂戴していたが、デュー・プロセスと合衆国最高裁第Ⅶ巻「むすび」について著者の人生そのものか、力作と思いました、そして体調不良のためお礼のみに留めますとの一文が添えられていた。また入院中のジャック・B・ワインシュタイン終身裁判官からは秘書を介しての私の著書に対する礼状の中で「すぐに読みたい」と記されていた。最期まで〝導きの星〟の役割を果たして下さったことに心からのお礼を申し上げます。有難うございました。

高田卓爾先生は東大法学部の民事訴訟法の助手として研究中に召集され戦場では法務将校としての激職を果たし、帰国後に刑事訴訟法の助手への変更が認められ、一九四九年の新制大学院で刑事訴訟法演習を担当された。その謦咳に接したのは正に天の采配ともいうべき幸運な出来事だった。

The Interchange of the U. S. and the Japanese
Supreme Court Decisions
by Yoshinori Kobayakawa

著者略歴

小早川義則（こばやかわ　よしのり）

1939年　大阪市に生まれる

大阪外国語大学イスパニア語学科卒業後、大阪市立大学法学部を経て、同大学院博士課程退学。その後、名城大学法学部教授、ニューヨーク・ロースクール客員研究員（1988年5月～1990年5月）、桃山学院大学法学部教授、名城大学大学院法務研究科教授を歴任。

現　在　名城大学名誉教授

主要著書

共犯者の自白（1990年）、ミランダと被疑者取調べ（1995年）、NYロースクール断想（2004年）、デュー・プロセスと合衆国最高裁Ⅰ～Ⅶ（完）（2006年～2016年）、共謀罪とコンスピラシー（2008年）、毒樹の果実論（2010年）、裁判員裁判と死刑判決［増補版］（2012年）、共犯者の自白と証人対面権（2016年）、ミランダと自己負罪拒否特権（2017年）、死刑判決と日米最高裁（2017年）、科学的証拠とフライ法則（2018年）、強制採尿の違憲性（2019年）、刑事上の利益に反する供述と伝聞例外（2020年）、以上、成文堂

日米最高裁判決の交錯

2023年3月1日　初版第1刷発行

著　者　小早川　義　則
発行者　阿　部　成　一

〒162-0041　東京都新宿区早稲田鶴巻町514番地
発行所　株式会社　成　文　堂
電話　03(3203)9201(代)　Fax　03(3203)9206
http://www.seibundoh.co.jp

製版・印刷　シナノ印刷　　製本　弘伸製本　　検印省略

ISBN978-4-7923-5387-2 C3032

定価（本体3200円＋税）

Table of Cases

APPENDIX A

米連邦議会上院は、トランプ大統領が連邦最高裁判事に指名したエイミー・バレット高裁判事の就任を52対48で承認し、民主党は47人全員（無所属２人を含む）が反対した。わが国ではあまり知られていないが、６年前の2016年３月、当時のオバマ大統領が提案した指名人事に対し、連邦議会の共和党は「選挙の年に最高裁判事の指名を審議すべきではない」と放置し葬り去った。ところが2020年９月18日、リベラル派の代表的存在でその名の頭文字を親しみを込めて「RBG」と呼ばれていたルース・ベーダー・ギンズバーグ判事がすい臓がんで死去するや否や、その38日後に異例の駆け込み人事でバレット判事の就任を承認したのである。

この点につき西崎文子東大名誉教授は次のように指摘する。これは聞き手の新聞記者がまとめたもので厳格には西崎さんの指摘とはいえないが、分かり易いので一部をそのまま引用しておく。

重要なのは、自分たちが公言したルールでさえ無視したことです。これでは、権力を握り続けないと報復されることになりかねず「選挙に負けたら大変なことになるから、負けられない」ということになり、平和的な権力の移譲を前提にしていた民主政治の根底が侵食されかねません。

近代の米国に、このように法をないがしろにする大統領はいませんでした。あえていうとウォーターゲート事件で辞任したニクソンがいますが、彼には違法なことをやっているという自覚がありました。トランプ氏はどうでしょう。この４年間、縁故主義や公私混同、ウソの拡散を含め「やった者勝ち」という発想で、どこまでルールを破っても大丈夫か、無自覚に試してきたようにすら見えます。

トランプ政権下でも「黒人の命は大切だ」「人種差別や性差別はいけない」といった、一致できる合意、理念が培われていたはずでした。ところがそれらを否定する言説が、あろうことか権力の中枢の座から繰り返されました。「切羽詰まった状況の中から生まれた連帯が、これらの運動を支えたのだと思います。」

アメリカにおける最高裁判事の任命は、政治的色彩を帯びることは周知であるが、大統領が自己の政治的イデオロギーと合致する裁判官を任命しようと試みるようになったのは、共和党ニクソン大統領のときからといわれる。むろん政治的イデオロギーが類似するにせよ、裁判官は就任時に憲法を順守する旨の宣誓をしており任命者の意向に沿う判断をするのではない。このことを端的に示したのが1974年のウォータゲート判決である。藤倉皓一郎／小杉丈夫［編］『衆議のかたち②』4～5頁（羽島書店、2017年）参照。

現在の連邦最高裁判事の構成は次のとおりである。

判　事　名	指名した大統領	上院承認　賛成／反対	就任時の年齢
ジョン・ロバーツ最高裁長官	ブッシュ（父）	78 ／ 22	50歳
クラレンス・トーマス	ブッシュ（父）	52 ／ 48	43歳
スティーブン・ブライヤー	クリントン	87 ／ 9	56歳
サミエル・アリート	ブッシュ（子）	58 ／ 42	55歳
ソニア・ソトマイヨール	オバマ	68 ／ 31	55歳
エレナ・ケイガン	オバマ	63 ／ 37	50歳
ニール・ゴーサッチ	トランプ	54 ／ 45	49歳
ブレット・カバノー	トランプ	50 ／ 48	53歳
エイミー・コニー・バレット	トランプ	52 ／ 48	48歳

このように21世紀の承認手続を見ると、2016年のケイガン判事、2009年のソトマイヨール判事、2006年のアリート判事のときの上院議員の投票行動は、ほぼ所属政党と一致する。これに対し2005年のロバーツ首席裁判官の投票行動は所属政党で説明できない。（紙谷雅子「法の支配とアメリカ大統領」）

2020年12月16日付朝日新聞で藤原帰一さんの「トランプの４年間に耐えて」と題する以下の指摘に接した。その一部をそのまま転記しておく。

「トランプ政権の４年間は、アメリカ民主主義のストレステストだった。選挙で選ばれた政治指導者がどこまで政治権力を自分のもとに集め、議会や裁判所のチェックアンドバランスを退けることができるのか。自分のこと以外には一切関心のない特異な人物が大統領となったために民主政治の限界が試されて

きた。大統領選挙は制度に即して実施された。投票と開票、各州における選挙結果の報告と承認、そして今回行われた538人の選挙人による投票、どこをとっても不正工作の跡はない。

だが、トランプは敗北を認めないばかりかアメリカの歴史上最も腐敗した選挙だと不正を訴え、自分は大差をつけて大統領に当選したと主張した。トランプ支持者は各地で不正投票排除の訴えを起こし、選出された者と異なる選挙人の選定も州議会に求めた。ほとんどの訴えが退けられた今も、裁判の継続をトランプは訴えている。

「これは次の大統領選に出馬する布石などという戦略ではない。負けを認めたくないトランプが大統領に居座ろうとしているだけだ。」 そして手段を選ばない。事実は何であろうとも自分が選挙に勝ったことにしてそのウソが現実となるように虚偽の発言と強引な権力行使を繰り返すのである。

いかに当選を主張しても、トランプがホワイトハウスに居続ける可能性は無視できるほど小さい。ただトランプは、バイデンは不正行為によって大統領を僭称している、ほんとうの大統領は自分だと言い続け、少なからぬアメリカ国民もそれを支持するのだろう。暴力によらない政治権力の交代を制度として保障することは民主主義の本質だ。選挙結果を政治家が認めなければこの制度は壊れてしまう。自分の負けた選挙を認めないことでトランプは民主政治の根幹を揺るがした。

議会共和党はトランプに従った。不正投票を示す証拠がなく、選挙結果を覆す規模の集計洩れも見つかってはいないのに、テキサス州司法長官はジョージア、ミシガン、ペンシルベニア、ウィスコンシン４州の選挙結果の無効を求める訴えを起こした。この異様な訴えに対し、共和党下院議員の過半数にのぼる126人が賛成している。忖度どころではない。トランプに迎合しなければ共和党下院議員でいることができない現実がここに示されている。

だが、大統領だからといって何でもできるわけではない。まず、軍が自律性を保った。警官の暴力によって黒人のフロイド氏が死んだことに起因する全米抗議運動を前にしたトランプは連邦軍出動を求めたが、エスパー国防長官は従うことを拒んだ。後にエスパーは解任されるが、いかに最高司令官であっても米軍が大統領の無法な指示に従うことはないことを示す事件だった。大統領留

任のためにトランプが連邦軍の出動を求めたとしても、それが実現される可能性はない。さらに裁判所の役割がある。トランプ陣営の提起した訴訟は各州の裁判所でも連邦裁判所でもほとんど却下された。トランプ政権の下で3人の判事が就任し、保守派が多数を占めている最高裁判所も、4州の選挙結果無効を求める訴えを却下した。各州における選挙管理もおおよそ政治的中立を保つことができた。ジョージア州のケンプ知事は、大統領から批判と罵倒を浴びせられながら、選挙の集計結果を覆さなかった。トランプに従うばかりかに見えたバー司法長官でさえ、選挙結果を覆す不正は見つかっていないと述べた。

証拠もなく国民の投票を排除するなどあってはならないことだから裁判所の判断は当然だが、トランプから見れば州知事や裁判所が自分に従わないことこそがあってはならないことなのだろう。トランプの名を一躍有名にしたテレビ番組の決まり文句「首だ！」（You're fired!）の通り、トランプは意に沿わない閣僚を解任してきたが、オーナー社長が社員の首を切るように州知事や裁判官を首にすることはできない。「大統領個人の利益では左右することのできない民主政治の岩盤が、ここにようやく見えてきた。」

大統領に就任したトランプはチェックアンドバランスを度外視した権力集中と行使を続けてきた。「私は、民主政治はどこまで独裁に近づきうるのか、いつも考えずにはいられなかった。恐るべき4年間だった。」「それでも、無法な権力者であっても壊すことのできない法と制度はアメリカに残されていた。確かにトランプが大統領だと信じるアメリカ国民は残るだろう。トランプ留任を阻むものに暴力を加える人さえ出てくるかも知れない。だが、権力者の恣意が左右することのできない制度は存在した。アメリカの民主政治は、首の皮一枚で保たれた」というのである。

APPENDIX B

中学時代（1950～53）のハッピーな出来事は担任としての練田隆子先生との出会いだった。当時は朝鮮戦争（1951年６月25日～53年７月休戦）や連合軍最高司令官マッカーサー元帥の解任などで世界情勢は混沌としていたが、そのような状況下で大阪の釜ヶ崎、飛田遊郭などに隣接する典型的な下町の中学校に最年少の新任教師として赴任されたのである。親しすぎるとの批判が一部教員にあったようだが、純粋すぎる練田先生に男ってそんなものじゃありませんと申し上げたことがあるが、先生の理解を越えていたようである。練田先生は、夫君からの電話連絡で2013年１月26日に亡くなったことを知った。わが国で公娼制度が廃止されたのは1958年で1960年第１安保直前のことだった。飛田遊郭には「料亭百番」が当時のままの姿で残され今では観光名所になっているという。確か週刊週刊文春が大きく報道したのではなかったか。

余談だがNYで親しくなったヒロ、ミチのカップルがいた。アメリカでの生活が長いミチの立ち居振る舞いは完全にアメリカ人で日本語を忘れかけていた。後に知ったことだがヒロは関西の某国立大学を卒業してアメリカに派遣され専ら日本人の接待に明け暮れており、毎日こんなことをやっていますとやや自嘲的に話していた。また憧れの大商社に入ったもののその仕事は日本に来た外国人のバイヤーに好みの女性を紹介することで、まるでポン引きだったと大阪外大時代の友人が繰り返していた。

帰国直前のことだが妊娠したとの話を聞きお祝いをすると約束したが果たせぬまま帰国したが、帰国直後に東京から訪れた友人と大阪心斎橋の飲み屋に出かけたところ偶然子連れのミチを見かけたのである。彼女の客さばきは実に見事でさすがプロと思った。ミチはこの子（J）がいなければ日本に戻ることはなかった、ヒロは可愛がってくれていますとしみじみ話していた。そして後日の再会を約束していたにもかかわらずミチは居所不明となった。日本よりはるかに住みやすいアメリカに戻り余生を過ごすことにしたのだろうが気がかりはJの行く末である。なお１度だけだが酩酊状態のミチから電話で渡米前の日本

での想像を絶する生活の打ち明け話を聞き、これが告白（confession）かと思ったことがある。

私は1960年代に友人３人と近くの子供に勉強を教える学習塾を開いていた。その中の１人Ｓが実に淡々とした表情で、近隣の男が小指を詰めるのを見たことがあると話していたことを鮮明に覚えている。彼は後に同志社の法学部で人気抜群の刑法学者として著名な大谷教授のゼミを選んだことを直接本人から聞いたことがある。

私はまた大阪の下町で賭博場を現認した経験がある。普通のおっちゃんがサイコロをころがして丁か半かとやっているだけのことで映画に出てくるような雰囲気は全くない。ただその種のことを口にしたところ、私より年上の研究者から言わない方がよいと助言されたことがある。刑事法研究者の中でも嘴の黄色いものが少なくない一例と言ってよかろう。

APPENDIX C

私は週に2回ほど近くの牛島整骨院に通っている。牛島庸夫院長は鹿児島県の風光明媚な志布志出身で高名の講道館柔道8段で桃山学院大学柔道部師範でもあり、共通の話題に事欠くことはない。学生時代九州旅行中に訪れた志布志海岸の美しさに目を奪われた。そして地元の親子連れに頼まれて写真を撮り送ったところ、丁重な礼状にあわせて地元名産のカマボコが送られてきたのも好印象だった。後に知ったことだが、牛島院長が大阪に来るきっかけとなったのは家族ぐるみで付き合いのある柔道家後藤さんだった。私にとっての後藤さんはニュージャパン（現講道館国際道場）で会うと必ず「教授」と言いながら手を握り締める人にすぎなかったが、牛島院長の人生にとって絶対に欠かすことのできない柔道家だった。牛島院長は1953年（昭和38年）から10年間刑務官として大阪刑務所に勤務し、その間に放射線技師取得などの勉強家で、雑談時の話にも頗る勉強になることが多い。例えばオカマの親分（?）の満期出所時に全国からやって来た関係者の出迎えの話などは爆笑を禁じえない。銭湯でよく出会うおかまのハルサンからあの独特な流し目で“あたし、先生のファンなの”と言われたことがあった。そのハルサンが表情を変えて“あんたといつオカマしたんや”と言ったのを耳にしたことがある。牛島院長によると、おかまは男との浮気は認めるが女との関係は認めないという。定年まで刑務官として立ち会ったにすぎないが、その視点は鋭く、通常経験できないことであるだけに実務経験のない私にとって参考になることが多い。痴情がらみのおかまの凄惨な殺人事件に関連して大阪市大医学部で法医の教授の詳しい説明を聞きながら現場写真を見たことがある。あの天王寺界隈はおかまの多い場所として知られている。そして私も何度か“遊ばない”と声をかけられたこともあった。

私が刑事事件に関心を抱くようになったのは少年時代のやや珍しい体験に起因する。当時1クラス55名で、そのうち5名は別枠の名簿だった。“言うなよ”と口止めされたので反って記憶に残っている。少年のグループから従妹K. T. と付き合ってくれと言われたことがある。旧満州から戦災孤児として

帰国後に天下茶屋で電気店を営んでいた日本人の養子となったTがそれを見ていた。K. T. の成績は劣悪だった。貧しくて学校に行く余裕などなかったのだろう。当時のクラスの集合写真で実に楽しそうな顔写真が残っている。その後再び長欠となった彼女にとって貴重な写真ではなかったか。また「たいちゃん」のことが忘れられない。京都の名門高校D. K. に入学後急に荒れだし、自衛隊に志願したが身長が足りないとの理由で認められず、その後の転落ぶりはすさまじかった。一方、彼の友人は入隊を果たし、除隊後は昔のしがらみを完全に断っていた。

少し前後するが、私はある“事件”をしおに桃山学院大学をやめ名城大学に戻った。僅差で再選されたS学部長が今度は学長選に立候補して大敗し物笑いになった。彼の唯一の関心事は管理職にあり学問・研究には興味のない、私とは異質の人間であるのは確かである。到底公表をはばかる多くの出来事に接し、国会でも取り上げられた“名城大学紛争”に関し確か「週刊新潮」が史上最低の大学と評したのもむべなるかなと思った。

いずれにせよ信義則に反する新設法学部の完成年度前の中途退職には弁解の余地は全くない。割り切って桃山に残り――高名の講道館柔道8段の牛島師範に協力しつつその発展に努力するのが正しい選択肢だった。選択を誤り桃山大学の関係者にご迷惑をかけたことに改めて心からお詫びを申し上げる次第である。

アメリカ独立宣言（1776年7月4日）

（The Declaration of Independence）

人類の歴史において、ある国民が、それまで自分たちを他国民の下に結びつけていた政治的束縛を断ち切り、自然の法と自然の神の法とによって当然に付与されるべき独立平等の地位を、この地上の諸強国の間で主張することが必要となる場合に、その国民が独立を余儀なくさせられた理由を宣明することは、人類の意見を尊重しようとするならば、当然に導かれる帰結である。

われらは、次の事柄を自明の真理であると信ずる。〔即ち〕すべての人は平等に造られ、造物主によって一定の奪うことのできない権利を与えられ、その中には生命、自由および幸福の追求が含まれる（all Men are created equal, that they are endowed by their Creator with certain unalienable Rights, that among these are Life, Liberty, and the Pursuit of Happiness）。〔また〕これらの権利を確保するために人びとの間に政府が組織され、その権力の正統性は被治者の同意に由来する。〔さらに〕いかなる統治形態といえども、これらの目的を損なうものとなるときは、人民はそれを改廃し、彼らの安全と幸福をもたらすものと認められる諸原理と諸権限の編制に基づいて、新たな政府を組織する権利を有する。〔たしかに〕長期にわたって存続している政府は、些細な一時の理由によって変革されるべきではないということは、実に分別の命ずるところである。したがって、あらゆる経験が示すとおり、人類は害悪が受忍できるものである限り、彼らが慣れ親しんだ諸形態を廃止するよりも、耐え忍ぼうとする傾向がある。しかし、長きにわたる暴虐と簒奪が、常に同一の目的の下に行なわれることによって、人民を絶対的な専制の下に服従せしめようとする企図が明らかになるときは、このような政府を廃棄し、人民の将来の安全のために新たな保障の組織を整えることは、人民の権利であり、また義務である。

これらの植民地が耐え忍んできた苦難は、まさにそのようなものであったし、また今や彼らをしてやむを得ずその従前の統治形態を改変せしめる必要性も、そこから生ずる。大英国の現国王の歴史は、これらの諸邦の上に絶対的な

僭主制を樹立することを直接の目的として繰り返し行なわれた権利侵害と簒奪の歴史である。このことを証明すべく、公正なる世界の人びとに対して事実の提示を行わんとするものである。

彼は、人民の利益のために最も健全で必要な法に対する彼の同意を拒否した。

彼は、多くの事件において陪審による裁判の恩恵をわれわれから奪った。(中略)

これらの圧制に対しては、その各段階において、われらはこれ以上はないつつましさで救済の請願を行なってきたが、われらが繰り返し行なった請願は、危害のくり返しによって応えられたにすぎなかった。これらの行為は、ことごとく僭主とは何かを教えるものであり、それらの行為によってかく特徴づけられる性格をもつ君主には、自由な人民の統治者たる資格はない。

われらはまた、われらの英国の同胞に対する配慮においても欠けるところはなかった。われらは、彼らの議会がわれらの上に不当な権限を押し及ぼそうとしたことについてたびたび彼らに警告した。われらは、この地へのわれらの移住および定住の事情に、彼らの注意を喚起した。われらは、彼らの生来の正義感と寛容の精神に訴え、われらの共通の血縁の絆によって、われら相互の関係と交通を不可避的に阻害するであろうこれらの簒奪を承認しないようにと、彼らに懇願した。〔しかるに〕彼らもまた、正義と血族の声に耳を貸さなかった。それ故、われらは、われらの独立を宣明する必要性を不本意ながらも承認し、彼らを他の人類と同様、戦時においては敵、平時においては友とみなさざるを得ない。

故に、われらアメリカ連合諸邦の代表は、連合会議に参集し、われらの企図の正しさを世界の至高の審判者に訴えつつ、これらの植民地の善良なる人民の名においてまたその権能により、次のように厳粛に公布し宣言する。これらの連合殖民地は、自由にして独立の諸邦であり、また権利として当然そうあるべきものである。これらの諸邦は、イギリス国王への忠誠から一切解除され、大英国との政治的関係はことごとく解消され、また解消されるべきである。自由

にして独立の諸邦として、連合殖民地は、宣戦・講和をなし、同盟・通商の関係を結び、独立諸邦が正当になし得るその他一切の行為をなす完全なる権限を有する。

この宣言を支持するために、われらは、聖なる摂理の保護を固く信頼しつつ、互いにわれらの生命、自由および貴き名誉を捧げることを誓う。

（訳文は、ほぼ野坂泰司「アメリカ独立宣言」樋口陽一・吉田善明編『概説世界憲法集［第3版]』（三省堂、1994年） 63頁以下による。）

アメリカ合衆国憲法修正条項［抄］
——日米憲法比較——

(The First 10 Amendments were ratified December 15, 1791, and form what is known as the "Bill of Rights")
［最初の10箇条は1791年12月15日に成立したいわゆる“権利の章典”として知られる］

Amendment Ⅰ　(第１修正)　［信教、言論、出版、集会の自由、請願権］

Congress shall make no law respecting an establishment of religion, or prohibiting the free exercise thereof ; or abridging the freedom of speech, or of the press ; or the right of the people peaceably to assemble, and to petition the government for a redress of grievances.

（連邦議会は、国教を樹立し、または宗教上の行為を自由に行なうことを禁止する法律、言論または出版の自由を制限する法律、ならびに人民が平穏に集会する権利、および苦情の処理を求めて政府に対し請願する権利を侵害する法律を制定してはならない。）

［憲法第19条——思想及び良心の自由は、これを侵してはならない。］

［憲法第20条——政教分離　①　信教の自由は、何人に対してもこれを保障する。いかなる宗教団体も国から特権を受け、又は政治上の権力を行使してはならない。

②　何人も、宗教上の行為、祝典、儀式又は行事に参加することを強制されない。

③　国及びその機関は、宗教教育その他いかなる宗教的活動もしてはならない。］

［憲法第21条——　①　集会、結社及び言論、出版その他一切の表現の自由は、これを保障する。

②　検閲は、これをしてはならない。通信の秘密は、これを侵してはならない。］

Amendment Ⅱ　(第2修正)［人民の武装権］

A well regulated militia, being necessary to the security of a free state, the right of the people to keep and bear arms, shall not be infringed.

〔規律ある民兵は、自由な国家の安全にとって必要であるから、人民が武器を保有しまたは携帯する権利は、これを侵してはならない。〕

Amendment Ⅲ　(第3修正)［軍隊の舎営に対する制限］

No Soldier shall, in time of peace be quartered in any house, without the consent of the Owner, nor in time of war, but in a manner to be prescribed by law.

〔平時においては、所有者の同意を得ない限り、何人の家屋にも兵士を舎営させてはならない。戦時においても、法律の定める方法による場合のほか、同様とする。〕

Amendment Ⅳ　(第4修正)［不合理な捜索、逮捕・押収の禁止］

The right of the people to be secure in their persons, houses, papers, and effects, against unreasonable searches and seizures, shall not be violated, and no warrants shall issue, but upon probable cause, supported by oath or affirmation, and particularly describing the place to be searched, and the persons or things to be seized.

〔不合理な捜索および逮捕・押収に対し、身体、住居、書類および所持品の安全を保障されるという人民の権利は、これを侵してはならない。令状は、宣誓または確約によって裏付けられた相当な理由に基づいてのみ発せられ、かつ捜索さるべき場所および逮捕さるべき人または押収さるべき物件を特定して示したものでなければならない。〕

［憲法第33条――何人も、現行犯として逮捕される場合を除いては、権限を有する司法官憲が発し、且つ理由となってゐる犯罪を明示する令状によらなければ、逮捕されない。］

［憲法第35条――何人も、その住居、書類及び所持品について、侵入、捜索及び押収を受けることのない権利は、第三十三条の場合を除いては、正当な理

由に基いて発せられ、且つ捜索する場所及び押収する物を明示する令状がなければ、侵されない。]

Amendment Ⅴ（第5修正）［大陪審、二重の危険、デュー・プロセス］

No person shall be held to answer for a capital, or otherwise infamous crime, unless on a presentment or indictment of a grand jury, except in cases arising in the land or naval forces, or in the Militia, when in actual service in time of War or public danger : nor shall any person be subject for the same offense to be twice put in jeopardy of life or limb ; nor shall be compelled in any criminal case to be a witness against himself, nor be deprived of life, liberty, or property, without due process of law ; nor shall private property be taken for public use, without just compensation.

（何人も、大陪審の告発または起訴によらなければ、死刑を科せられる罪その他の破廉恥罪につき責を負わされることはない。……何人も、同一の犯罪について重ねて生命身体の危険にさらされることはない。何人も刑事事件において自己に不利な証人となることを強制されることはなく、また法の適正な手続によらずに、生命、自由または財産を奪われることはない。）

［憲法第39条——何人も、実行の時に適法であった行為又は既に無罪とされた行為については、刑事上の責任を問はれない。又同一の犯罪について、重ねて刑事上の責任を問はれない。］

［憲法第38条——①何人も、自己に不利益な供述を強要されない。］

［憲法第31条——何人も、法律の定める手続によらなければ、その生命若しくは自由を奪はれ、又はその他の刑罰を科せられない。］

Amendment Ⅵ（第6修正）［刑事陪審、刑事手続上の人権］

In all criminal prosecutions, the accused shall enjoy the right to a speedy and public trial, by an impartial jury of the state and district wherein the crime shall have been committed, which district shall have been previously ascertained by law, and to be informed of the nature and cause of the accusation ; to be confronted with the witnesses against him ; to have

compulsory process for obtaining witnesses in his favor, and to have the assistance of counsel for his defense.

〔すべての刑事上の訴追において、被告人は、犯罪が行われた州およびあらかじめ法律によって定められた地区の公平な陪審による迅速な公開の裁判を受け、かつ事件の性質と原因とについて告知を受ける権利を有する。被告人は、自己に不利な証人との対面を求め、自己に有利な証人を得るために強制手続を取り、また自己の防御のために弁護人の援助を受ける権利を有する。〕

［憲法第32条――何人も、裁判所において裁判を受ける権利を奪はれない。］

［憲法第34条――何人も、理由を直ちに告げられ、且つ、直ちに弁護人に依頼する権利を与へられなければ、抑留又は拘禁されない。又、何人も、正当な理由がなければ、拘禁されず、要求があれば、その理由は、直ちに本人及びその弁護人の出席する公開の法廷で示されなければならない。］

［憲法第37条　①　――すべての刑事事件においては、被告人は、公平な裁判所の迅速な公開裁判を受ける権利を有する。

②　刑事被告人は、すべての証人に対して審問する機会を充分に与へられ、又、公費で自己のために強制的手続により証人を求める権利を有する。

③　刑事被告人は、いかなる場合にも、資格を有する弁護人を依頼することができる。被告人が自らこれを依頼することができないときは、国でこれを附する。］

Amendment Ⅶ（第７修正）［民事事件における陪審審理の保障］

In Suits at common law, where the value in controversy shall exceed twenty dollars, the right of trial by jury shall be preserved, and no fact tried by a jury, shall be otherwise reexamined in any Court of the United States, than according to the rules of the common law.

〔コモン・ロー上の訴訟において、訴額が20ドルを超えるときは、陪審による裁判を受ける権利が保障されなければならない。陪審によって認定された事実は、コモン・ローの準則によるほか、合衆国のいずれの裁判所においても再審理されることはない。〕

Amendment Ⅷ （第８修正）［残虐な刑罰の禁止］

Excessive bail shall not be required, nor excessive fines imposed, nor cruel and unusual punishments inflicted.

〔過大な額の保釈金を要求し、または過重な罰金を科してはならない。また残虐で異常な刑罰を科してはならない。〕

［憲法第36条――公務員による拷問及び残虐な刑罰は、絶対にこれを禁ずる。］

Amendment Ⅸ （第９修正）［人民の権利に関する一般条項］

〔この憲法に一定の権利を列挙したことをもって、人民の保有する他の諸権利を否定しまたは軽視したものと解釈してはならない。〕

Amendment Ⅹ （第10修正）［州または人民に留保された権限］

〔この憲法によって合衆国に委任されず、また州に対して禁止されていない権限は、それぞれの州または人民に留保される。〕

Amendment ⅩⅠ （第11修正）［州を被告とする訴訟に対する連邦の裁判権の否認］（1795年）

〔合衆国の司法権は、合衆国の１州に対して、他州の市民または外国の市民もしくは臣民によって提起され追行されるコモン・ロー上またはエクイティ上の訴訟にまで及ぶものと解釈してはならない。〕

Amendment ⅩⅢ （第13修正）［奴隷または意に反する苦役の禁止］（1865年）

〔①　奴隷または意に反する苦役は、犯罪に対する処罰として当事者が適法に有罪宣告を受けた場合を除いて、合衆国またはその管轄に属するいずれの地域内においても存在してはならない。

②　連邦議会は、適法な立法によって本条の規定を執行する権限を有する。〕

Amendment XIV（第14修正）［市民権、デュー・プロセス、平等保護］（1868年）

Section 1. All persons born or naturalized in the United States, and subject to the jurisdiction thereof, are citizens of the United States and of the State wherein they reside. No State shall make or enforce any law which shall abridge the privileges or immunities of citizens of the United States; nor State shall any State deprive any person of life, liberty, or property, without due process of law; nor deny to any person within its jurisdiction the equal protection of the laws.

Section 5. The Congress shall have power to enforce, by appropriate legislation, the provision of this article.

〔① 合衆国において出生しまたは帰化し、その管轄権に服するすべての人は、合衆国およびその居住する州の市民である。いかなる州も合衆国市民の特権または免除を制限する法律を制定しまたは執行してはならない。いかなる州も法の適正な過程によらずに、何人からも生命、自由または財産を奪ってはならない、またその管轄内にある何人に対しても法の平等な保護を拒んではならない。

⑤ 連邦議会は、適法な立法によって本条の規定を執行する権限を有する。〕

［憲法第31条——何人も、法律の定める手続によらなければ、その生命若しくは自由を奪はれ、又はその他の刑罰を科せられない。］

Amendment XV（第15修正）［黒人の選挙権の保障］（1870年）

Section 1. The right of citizens of the United States to vote shall not be denied or abridged by the United States or by any state on account of race, color, or previous condition of servitude.

Section 2. The Congress shall have power to enforce this article by appropriate legislation.

① 合衆国市民の投票権は、人種、体色、または従前の労役の状態を理由として、合衆国または州により拒否されまたは制限されることはない。
② 連邦議会は、適当な立法によって本条の規定を執行する権限を有する。

Amendment　XⅧ（第18修正）［禁酒法］（1919年成立、第21修正第1節により廃止）

① 本条の承認から1年を経たのちは、合衆国およびその管轄権に服するすべての領地において、飲用の目的をもって酒精飲料を醸造、販売、もしくは運搬し、またはその輸入もしくは輸出を行うことをここに禁止する。
② 連邦議会および州は、適当な立法によって本条の規定を執行する共同の権限を有する。
③ 本条は、連邦議会によって州に提議された日から7年以内に、憲法の定めるところにしたがい、州議会によってこの憲法の修正として承認されないときはその効力を生じない。

Amendment　XⅨ（第19修正）［女性の選挙権の保障］（1920年）

① 合衆国市民の投票権は、合衆国または州によって、性別を理由として、拒否されまたは制限されることはない。
② 連邦議会は、適当な立法によって本条の規定を執行する権限を有する。

Amendment　XXⅠ（第21修正）［禁酒法の廃止］（1933年）

① 合衆国憲法第18修正は、これを廃止する。

（訳文は、ほぼ野坂泰司「アメリカ合衆国憲法」樋口陽一＝吉田善明編『概説世界憲法集［第3版］』（三省堂、1994年）57頁以下による。）

アメリカ合衆国憲法（1788年）［抄］

［前文］

われら合衆国の人民は、より完全な連邦を形成し、正義を樹立し、国内の静穏を保障し、共同の防衛に備え、一般の福祉を増進し、われらとわれらの子孫の上に自由の恵沢を確保する目的をもって、ここにアメリカ合衆国のために、この憲法を制定し確立する。

第１条　［連邦議会］

第１節　この憲法によって付与される立法権は、すべて合衆国連邦議会に属する。連邦議会は、上院（Senate）および下院（House of Representatives）で構成される。

第２節①　下院は、各州人民が２年ごとに選出する議員で組織する。

第３節①　合衆国の上院は、各州から２名ずつ選出される上院議員で組織する。

第９節②　人身保護令状（Writ of Habeas Corpus）の特権は、叛乱または侵略に際し公共の安全上必要とされる場合のほか、停止されてはならない。

③　私権剥奪法（Bill of Attainder）または事後処罰法（ex post facto law）を制定してはならない。

第２条　［大統領］

第１節①　執行権は、アメリカ合衆国大統領に属する。大統領の任期は４年とし、同一任期で選任される副大統領と共に、左の方法で選挙される。

第３条　［連邦司法部］

第１節　合衆国の司法権は、１つの最高裁判所、および連邦議会が随時制定し設置する下級裁判所に属する。最高裁判所および下級裁判所の裁判官は、非行なき限り、その職を保ち、またその職務に対して定時に報酬を受ける。その額は、在職中減ぜられることはない。

第２節①　司法権は、次の諸事件に及ぶ。〔１〕この憲法、合衆国の法律および合衆国の権限に基づいて締結されまた将来締結される条約の下で発生するコモン・ロー上およびエクイティ上のすべての事件。〔７〕相異なる州の市民の間の争訟。

③　弾劾の場合を除き、すべての犯罪の審理は、陪審によって行なわれなければならない。審理は、その犯罪が実行された州で行なわれなければならない。

第４条　[連邦制]

第１節　各州は、他州の法令、記録、および司法手続に対して、十分な信頼と信用（Full Faith and Credit）を与えなければならない。

第２節①　各州の市民は、他州においてもその州の市民がもつすべての特権および免除を共有する権利を有する。

第５条　[憲法修正]

連邦議会は、両議院の３分の２が必要と認めるときは、この憲法に対する修正を発議し、または各州中３分の２の議会の要請あるときは、修正発議を目的とする憲法会議（Convention）を召集しなければならない。いずれの場合においても、修正は、４分の３の州議会によって承認されるか、または４分の３の州における憲法会議によって承認されるときは、あらゆる意味において完全に、この憲法の一部として効力を有する。

第６条　[最高法規]

①　この憲法の採択以前に契約されたすべての債務および締結されたすべての約定は、この憲法の下においても連合（Confederation）[規約] の下におけると同様、合衆国に対して有効なものとする。

②　この憲法、これに準拠して制定される合衆国の法律、および合衆国の権限に基づいて締結されまた将来締結されるすべての条約は、国の最高法規である。各州の裁判官は、各州の憲法または法律中に反対の定めある場合といえども、これに拘束される。

第７条　［発効］

この憲法は、９つの州の憲法会議の承認があるときは、これを承認した州の間において確定発効すべきものとする。

1787年、アメリカ合衆国独立第12年、９月17日、列席各州一致の同意により憲法会議においてこの憲法を制定した。その証明のため、われらはここに署名する。

ジョージ・ワシントン、議長、ヴァジニア代表　(以下略)